音楽科授業サポートBOOKS

音楽授業の
ユニバーサル
デザイン

はじめの一歩

阪井　恵　著
酒井 美恵子

基礎知識　さまざまな子どもの支援例　授業づくりの工夫　具体的な授業プラン

小・中学校の音楽でUD授業をつくるための基礎基本

明治図書

はじめに

　本書を開いてくださいました皆様，ありがとうございます。

　本書『音楽授業のユニバーサルデザイン　はじめの一歩』は，次のような特徴があります。

1　音楽の授業におけるユニバーサルデザインの考え方を示しました

　音楽の授業におけるユニバーサルデザインは，「指導目標─活動─評価」の整合性を意識して授業を構成することから始めましょう。Chapter 1では，その考え方を紹介しています。

2　さまざまな特性の児童生徒がいることと支援例を示しました

　Chapter 2では，子どものつぶやきとその解説で，いろいろな困りごとのある児童生徒を紹介し支援例を示しました。また，多様性を理解し合う道徳科指導案を掲載し，チームとして困りごとのある子どもを支援する中学校の実践例を載せてあります。

3　授業づくりの工夫を具体的に示しました

　Chapter 3では，授業づくりに役立つ30のコンテンツを，次の6つの視点で紹介しています。

　　　①　物的環境
　　　②　ルールの設定と徹底
　　　③　授業UDの基本的配慮事項
　　　④　UD化された授業
　　　⑤　先生に大切なスキル
　　　⑥　情報提供

4　授業づくりの工夫を具体的な授業プランで示しました

　Chapter 4 では,「指導目標—活動—評価」が整合した小学校低学年から中学校第3学年まで,5つの授業プランを掲載しました。学年や学級に合わせてアレンジできますので,参考にしていただければ幸いです。

　本書の出版に当たりまして,快く取材をお引き受けくださいました中学校の皆様,専門的な助言をくださいました明星大学の西本絹子教授,森下由規子准教授,授業プラン作成に協力してくれた明星大学及び国立音楽大学の学生の皆さん,迅速に分かりやすく編集してくださいました木村悠氏に心から御礼申し上げます。

　平成30年9月

阪井　　恵

酒井　美恵子

※本書の内容は　JSPS 科研費 JP17K04816の助成を受けた研究に基づいています。

もくじ

はじめに……………………………………………………………………………… 2

Chapter 1　ユニバーサルデザインの基礎知識　基本編

1　ユニバーサルデザインとは…………………………………………… 8

2　授業のユニバーサルデザイン（授業 UD）とは…………………… 10

3　学びのユニバーサルデザイン（UD for Learning）とは………… 12

4　音楽授業とユニバーサルデザイン…………………………………… 14

Chapter 2　児童生徒の特性に応じた支援　子ども理解編

支援が必要な子どもの存在……………………………………………… 22

1　いろいろな音の聴き方，聞こえ方…………………………………… 24

2　いろいろな見方，見え方……………………………………………… 26

3　いろいろな覚え方，記憶の仕方……………………………………… 28

4　いろいろな，うまくいくこといかないこと　ASD 編…………… 30

5　いろいろな，うまくいくこといかないこと　DCD 編…………… 32

| 小学校 | 特別の教科道徳「みんな違ってみんないい」授業プラン………… 34

| 中学校 | チーム学校：多様な連携による特色ある中学校………………… 38

Column　発達障害のある生徒の入試……………………………… 41

おススメ文献………………………………………………………………… 42

Chapter 3　ユニバーサルデザインによる授業づくりの工夫 30
指導技術編

物的環境

1 音楽室のレイアウトと使い方 44

2 ものの置き場所，整理整頓 46

3 机・椅子の整列，騒音防止のカバーの活用 48

4 片付け方を分かりやすく 50

ルールの設定と徹底

5 お話や音楽を静かに聴く 52

6 机上の整理，持ち物の整理 54

授業 UD の基本的配慮事項

7 授業のめあて，始まりメニューの提示 56

8 時間の見通し，配分の提示 58

9 時間の見通しにタイマーや板書を活用 60

10 見やすい板書，拡大歌詞などの活用 62

11 楽器の奏法を分かりやすく 64

UD 化された授業

12 ねらい・活動・評価を整合させる 66

13 活動を連ねる方式の授業の考え方 68

14 活動のねらい＝めあてを児童生徒が理解してこそ 70

15 今，何をすればよいかが分かるように 72

16 思考のガイドとしてのワークシート 74

17 理解や習熟を深める動作化 76

18 演奏では全員が役割を 78

19 学習形態の工夫（一斉，個人，ペア，グループ） 80

20 座席表を活用した評価記録 82

21 進度の差に応じたプリント等の準備 84

22 取り組み姿勢の振り返り，立て直し 86

23 学習の道筋の理解と振り返り……………………………………… **88**

先生に大切なスキル

24 模範の提示，演技力……………………………………………… **90**

25 指示は短く，1回に1つ………………………………………… **92**

26 速やかな音楽再生のスキル……………………………………… **94**

27 視覚化を取り入れた指示………………………………………… **96**

28 場面転換，つなぎのアクティビティ…………………………… **98**

情報提供

29 学習を助ける製品，アイディアの情報………………………… **100**

30 特に楽譜をめぐって……………………………………………… **102**

Column　すべての子どもが楽しいと感じる音楽の授業に………… **104**

Chapter4　ユニバーサルデザインの視点でつくる授業プラン　実践編

1 友達と拍を合わせながら「ひらいたひらいた」で遊びましょう………… **106**
小学校第1学年

2 イメージをふくらませ歌い方を考えましょう………………… **112**
小学校第4学年

3 曲想の移り変わりを味わいましょう…………………………… **116**
小学校高学年

4 ロンド形式を生かしてグループで音楽をつくりましょう……… **120**
中学校第1学年

5 能の音楽を味わいながら「羽衣」を鑑賞しましょう………… **124**
中学校第3学年

Chapter 1

ユニバーサルデザインの基礎知識

基本編

1 ユニバーサルデザインとは

　ユニバーサルデザインは，アメリカの設計者メイス氏が中心となって1980年代に提唱したのが始まりとされています。誰もが利用しやすい施設や製品などのデザインについて，次の７つの原則を提案しました。

1 誰でも公平に利用することができる

例
自動ドア
エレベーター

2 自分に合うものを選んで使える

例
エレベーターの上下
２か所あるボタン
高さの異なる手すり
両利き用のはさみ

3 使い方が簡単で直感的に分かる

例
非常ボタン
ドアノブ
シャンプーボトルの
凹凸（リンスと識別）

4 必要な情報がすぐに理解できる

例
ピクトグラム
（絵文字）
多言語で表記されている案内図

5 間違えても大事に至らない

例
コンロ，洗濯機，炊飯器等のロック機能
PCの「元に戻す」機能
電車のホームドア

6 体への負担がなく楽に使える

例
自動改札のIC
タッチ
センサー式蛇口

7 使いやすいサイズやスペースが確保されている

例
誰でもトイレ
ボタンの大きいリモコン

8

では，どれがバリアフリーで，どれがユニバーサルデザインでしょうか。違いが分かりますか？

①

②

③

④

バリアフリー

バリア（障壁になるもの）をなくすという意味。
たとえば…

- ②のように階段に替わるスロープやエレベーターを設置すること
- ③のように盲導犬と一緒にレストラン等に入るのを当たり前とすること
- 点字ブロック上に立ち止まったりものを置いたりしないよう配慮すること

ユニバーサルデザイン

誰かにとってのバリアを取り除くのではなく，いろいろな人を想定し，どのような人でも使いやすいような工夫を組み込んだデザインをするという考え方。
たとえば…

- ①のように外国の空港で乗り継ぎをする場合，絵文字や矢印が壁や床に分かりやすく書かれていること
- ④のようにトイレが十分に広く，手すりや温かい便座や温水の出る設備があること

この考え方が，現在では製品，つまりハードウェアのユニバーサルデザインだけではなく，何かを企画・運営する際の考え方や具体的なプランの立て方といったソフトウェアの領域にも入ってくるようになりました。

2 授業のユニバーサルデザイン（授業UD）とは

あなたは，たとえばこんなことに思い当たりませんか。

　授業のユニバーサルデザインの基本は，「いろいろ」な児童生徒の存在をあらかじめ想定し，みんなが学びやすいように配慮して，授業プランを立てたり授業の準備をしたりすることです。しかし，そもそも「いろいろ」というのは何でしょうか？　障害の有無のことでしょうか？　骨折して利き手の使えない子どもがいることでしょうか？　家庭的に恵まれていない子どもがいることでしょうか？　いいえ，それだけではなく，上で挙げたようなことこそが，通常の学級における「いろいろ」を考える基本なのです。

　人には，物事を認識したり記憶したりする方法や，知識や感情を表現する方法に，得意不得意があるのが当然です。聴覚からの情報処理（聞いたことがよく頭に入る，など），視覚からの情報処理（見たものを思い起こせる，など），言葉の操作（作文など），数の操作（計算など），図の操作（描画，地図の読み取り，など），空間認知（一度通った道を覚えている，など）

……これらに関しては，日常生活の中で困るというほどではなくても，自分の中に得意不得意の凸凹があることに思い当たりませんか。

　たとえば「分かりやすい説明」ということに絞れば，

・ゆっくり，適正な音量の声で話す。

・黒板やスクリーンにも，要点を書いて示す。

・絵や図も使いながら話す。

・絵や図は，色も適切に使い分ける。

・大切な情報を目立たせる。

・内容を少しずつ区切り，そこまでの理解のステップを確かめて，先へ進む。

など，つまりは，全員が参加して理解することのできるような配慮のある準備をするのがユニバーサルデザインです。

　ただし昨今は，発達障害が原因で，この「いろいろ」の凸凹の度合いが極端なため，「非常に困っている，このままでは学ぶことができない」児童生徒の存在が明らかになりました。Chapter 2に載せている情報のように，さまざまな学びにくさに苦しんでいる児童生徒がいます。通常の学級の先生も，そのことについて専門的な知識をもち，適正な対処のできるスキルが求められるようになりました。そこで，文部科学省の提唱もあり，特別支援教育の専門家と現場の先生方の協力によって，授業のユニバーサルデザインという考え方に注目が集まってきたのです。2016年には日本授業UD学会も設立されて，年次大会や地方支部の研究会が発展しており，多くの現場の先生方が互いの授業を検討し合って研鑽しています。

　基本の考え方は変わりません。物事を認識したり記憶したりする方法や，知識や感情を表現する方法に，大きな幅のある集団であっても，「全員参加そして全員理解」ができるように，あらかじめ配慮して授業の準備をします。

Chapter 1　ユニバーサルデザインの基礎知識　基本編　**11**

3 学びのユニバーサルデザイン（UD for Learning）とは

　日本で現在，授業 UD をけん引している研究者の多くは，CAST（アメリカの NGO，Center for Applied Special Technology）が作成している「学びのユニバーサルデザイン」（UDL）の考え方を学んでいます。UDL とは，CAST が最新の脳科学研究をベースに研究し，作成している「学びのエキスパートを育てるためのガイドライン」です。学びのエキスパート？　それはどういうことでしょうか。

　UDL の考え方は，私たちの生きているこの時代において，何より大切なのは学び続ける意欲，学び続けるスキルを身に付けることだというものです。AI が多くの仕事・機能を担うようになると，計算が速い，字がきれい，暗記が得意，などの価値は急落です。「今，これができる」より，新しい機器やアプリを使ってみる意欲など「取り組んでみよう」が大切になってきます。平成29年告示の学習指導要領のキーワードにあるように，一人一人が主体的に，自分に必要なことを学び続ける姿勢が必要です。また経験のない事態に対処しつつ生きるために，知恵を出し合い協力する対話的な学び方を身に付けることが必要です。「知識をもっている人，何かができる人」ではなくて「学び続けながら他者とコラボのできる人」が求められているわけです。UDL は，その意欲とスキルを身に付けた，学びのエキスパートを育てるためのガイドラインです。この目的のために UDL が非常に重要視していることに，

(1)　一人一人が自分の学び方の特性を知るようになること。
(2)　学んでいる自分の感情や意欲や取り組み方をモニターできること。

があります。自分の状況を理解する（自己理解の力をつける）ことです。
　学びに関するこの視点が，日本の学校教育には不足しています。
　(1)や(2)を具体的な例で考えてみましょう。

たとえば(1)の場合… たとえば(2)の場合…

注意があちらこちらに分散するので，教科書やノート，筆記用具をきちんと準備するのが苦手

集中が続かず，授業と関係ないことをしゃべったり，座っていることに耐えられない

持ち物のチェックリストでチェックを習慣づけることで改善！

静かに立って，少しの間窓から外を見るだけで，また席に戻って続けることができる！

　(1)のようなチェックリストは，全く必要のない人もいますから，通常，カリキュラムとして文章化されません。でも，自分は忘れ物をしやすいことを自覚し，どうしたらよいかを考え，それを言うことができる。これはこの人の学びのために大変重要です。(2)では，自分の気持ちに自覚をもち，それにあわせた行動をすることで，この人はもっともっと学べるようになります。(1)も(2)も，教師は辛抱強く導き，自分に進歩があるかどうかを考えさせ言語化させる。少しの進歩でもともに喜んでほめる。このようにして「学ぶ人(learner)」を育てるのが教育であり，教師の仕事である，というのがUDLの基本的なスタンスです。

　日本の先生方は，教科の指導内容の研究にとても熱心です。そして，指導と評価の一体化についても研究が盛んです。しかしこのように，一人一人の児童生徒が，自分の強み弱みや，取り組み姿勢のベースにある感情などを自覚し，然るべく対処できるように導くといった，カリキュラムに文章化されないような指導にも，ぜひもっと目を向けていきたいのです。「学びのユニバーサルデザイン（UDL）」の考え方に学びながら，授業のユニバーサルデザインの研究を進めましょう。

4 音楽授業とユニバーサルデザイン

　音楽は，体全体を通して感じたり理解したりするもので，しかも情緒と密着した関係にあります。音楽科の学習は，知覚・感受し，思考力・判断力を働かせ，歌唱や演奏などでは特別な身体技能を使って表現する，といった広い範囲にわたり，きわめて複雑な脳神経ネットワークの働きを投入して行われます。そのため，国語や算数などでは落ち着きを保って授業が成立している学級でも，音楽では落ち着きがくずれやすいのです。音楽だけ担当する先生の場合，授業時間数が少ない中では，配慮のポイントもつかみ切れないことが多くて大変です。

　「全員参加，全員理解」の授業を目指す！　とにかくそこが大切です。先生も授業が楽しみになる，この原点をいつも心にとめていましょう。

1　児童生徒の「学び方」の多様性

　現在（2018年）何より大切なことは，音楽の授業担当者が，児童生徒の学び方の多様性について関心と認識を深めることです。前節で述べたように，人それぞれ，ものごとを理解する頭の使い方には特徴，言い換えれば得意不得意の凸凹があります。それが日常生活や学習を難しくするほど極端に出て困っている児童生徒について配慮すること，それが授業 UD だと考えがちですが，実はそれだけではありません。

　「やる気」や「取り組み方」の問題についても，何か新しい事態やものに直面したとき，面白がって関わろうとする人もいれば，逃げ腰になって引いてしまう人もいます。始めたことにすぐ飽きる人もいれば，じっくり取り組む人もいます。また，新しい知識を人に話すのが好きな人もいれば，自分から発信するのは苦手な人もいます。このような違いは通常「性格の違い」で片付けられます。しかし話したり書いたりすると知識の定着度が上がり，さらに新しい学習へのきっかけを得やすくなるので，発信は学びの上で大切なことです。つまり，その人の長期的な歩みに影響を及ぼすことになるので，このような違いも「学び方の多様性」と考えるべきではないでしょうか。

　児童生徒の学び方の多様性とは，そのように，取り組みの意欲やモティベ

ーションの持続から，指導内容の理解・体得，さらにそれを披露したり人と共有したりする方略までを含む，さまざまな段階に見られます。このような幅広い意味での「学び方」の多様性に視野を広げて，担当している児童生徒のことを考えてみてください。そしてもちろん，Chapter 2で解説している「困っている」児童生徒の実態について，理解を深めてください。

学び方の多様性―「性格の違い」では片付けられません

新しいことに挑戦する子どもと逃げ腰になる子ども

人に話すのが好きな子どもと自分から発信するのが苦手な子ども

　これは，ご自分の学び方の特性について思い巡らすためにもよいチャンスでしょう。音楽が得意な先生がたは，一般に「聴覚からの情報処理に優れている」のです。結果的に，無意識ながら他の人もそうだと思ってしまう傾向があり，視覚的な補助手段の使い方に丁寧さが不足することがあります。そのような自覚があるだけでも，教師としての行動が変わることでしょう。

2 授業 UD は万能なの？

　本書は現在の学校教育制度の下で可能な音楽授業 UD について，最も基礎的な考え方や方法を扱うものです。通常の学級には，通級による指導など個別の支援が必要な児童生徒も存在します。そして指導内容によっては，その人がよく学べる方法は一斉授業では得にくい場合もあるでしょう。ある指導内容をめぐって，学習の目標を一本化することがどうしても困難であるという場合には，現状の教室形態や施設設備の下での音楽授業では，「全員参加」に限界があるとも言えます。

　UD が万能でなければ，と考えるとハードルの数が増え過ぎてなかなか前へ進めません。本書では主として Chapter 2 で紹介しているような，外からは分かりにくい発達障害や発達のアンバランスのある児童生徒で，「その子が意欲を示して参加し，指導内容のポイントを理解・体得できたら，他の子もみんな理解・体得できている」というタイプの児童生徒を念頭において，UD について考えます。いわゆる「通常の学級」の一般的な姿を想定しており，そこでは指導内容を精選し焦点化していれば，全員が同一の目標を達成できる見込みがあるということです。

　たとえば小学校１年生の学級の場合，頻繁に離席して勝手な行動をとる子，椅子からずり落ちて寝転ぶ子，状況をわきまえずに大声でしゃべる子，頻繁に耳をふさぐなど聴覚過敏かと察せられる子，他の子にすぐ暴力をふるってしまう子，などがいるかもしれません。あちらこちらで発生する問題を追いかけていると，学級全体が非常に混乱してしまいます。

状況をわきまえず
大声でしゃべる子

頻繁に耳を
ふさぐ子

すぐに暴力を
ふるう子

　しかし一人一人のことが分かってくると，問題はおそらく次のように整理

できるでしょう。

---

① 指導内容を理解することが難しい児童が若干名（〜5%程度）いる。
② ①とは別の数名（〜8%程度）が，話の聴き方，モノの扱い方，集中の持続時間，今は何をすべきかの判断に，ほとんど常に問題がある。しかし気が向いて取り組めば，指導内容は理解・体得できる。
③ 他の子の学び（特に集中力）が，②の子たちの行動により，阻害されてしまう。

---

　①の人に照準を合わせた授業をすることは，現在の通常の学級では全体に対してはマイナスになります。授業UDの基本は，②のタイプの児童が興味をもって参加し，指導内容を理解・体得し，かつ授業中に集中を持続させる手立ての準備ということだと思います。

　①の児童は，通常何か個別の支援も受けていますが，そこでは，教科としては国語や算数が中心になります。音楽の，たとえば鍵盤と音名の関係などについては，個別の支援が必要であるにもかかわらず，それを受けられていません。ただこの問題は，授業担当教員1人でどうにかすることは無理で，支援員のサポートや別種の課題設定など別の対応が必要です。

　しかしながら音楽のよいところは，①の児童が楽しんで参加する手立てが必ずあるということです。もちろん，理解が進んでおり発展的な学習内容に取り組める児童にも，学びが用意できます（Chapter 3で触れます）。

3 音楽授業に特有の問題—発達の問題などで個別の対応を要すること

　音楽科で特に「学びの困難」が生じるケースについては，Chapter 2で述べるいろいろな困りごとを参照してください。音楽科で，教師側から見て目立つのは，いわゆる不器用で楽器類の扱いがとても苦手な場合です。教師が気づきにくいけれど多いものとしては，調子はずれ，知覚の過敏／鈍，比喩の理解ができず話が通じていない，などの問題です。

Chapter 1　ユニバーサルデザインの基礎知識　基本編　**17**

4 音楽授業に特有の問題―学校全体で取り組む環境整備

　ここでは、学校全体で考える必要のある問題を2点あげます。

1．音楽の授業のための教室レイアウト

　音楽室のレイアウトは、授業UDのためにたいへん重要な要素です。上述②のタイプの児童が学ぶためには、40～45分程度の授業を快適に過ごせる環境づくりが欠かせません。筆者が参与している1年生の授業は、机はなく椅子だけの音楽室で行っていましたが、管理職や学級担任との相談の上、普通教室で実施するようになりました。利点は、体幹のしっかりしない児童が、机によって姿勢のサポートを得られることです。しかし、体を動かすスペースの確保や、他教室への音の影響など、一長一短がありました。よく使うキーボード（ピアノなど）の位置、黒板の位置、椅子の形状・材質、身体を動かせるスペースの確保なども、授業と大いに関係します。

2．持ち物の扱い

　児童生徒は音楽室にモノをもって移動しますが、通常、鍵盤ハーモニカやリコーダーが持ち物に含まれます。持ち物の種類と量、形状の複雑さは、他教科に比べて目立ちます。音楽袋に鍵盤ハーモニカが収まらない、音楽室での授業中、置いておく場所が定まらない、などの問題の解決はUDの第一歩です。

　以上2点は、手間がかかることですが、学校の条件のもとで、ベストな方法を探ってください。とても大切なことです。

5 音楽授業のUDは，ここのチェックから

短時間で1つのことを

　筆者は小学校1年生を中心に授業の組み立て方を検討した結果，10分に満たないほどの小さい学習内容のまとまりを連ねていく，という方法を提唱しています。一つ一つのまとまりは，領域や活動分野の異なるものでかまいません。むしろ，1時間の中に，表現領域の活動，鑑賞領域の活動というふうに，多様な活動を組み合わせるのが，児童にとって望ましいくらいです。

　たとえばこんな形です。児童の集中を切らさないためには，この形は有効に働きます。ただし教師側は，それぞれの活動のまとまりを長期的展望のもとに積み上げ，らせん状に少しずつヴァージョン・アップしていくように組み立てなければなりません。これは経験とスキルを要することなので，すぐにできなくてよいのです。取りあえずは1時間の授業について考えましょう。

　そこでは一つ一つのまとまりにおける指導内容を，徹底的に絞り込む（焦点化する）ことが大切なのです。たとえば，リズムのまねっこ遊びをする場合「こんなこと・こんなこと・できますか？　タンタタタン，はい！」と言って児童にまねをさせるとします。このとき，今日のこの時間，この活動の目標（ねらい）は何か，ということを自覚し，焦点化して行います。「タン（四

Chapter 1　ユニバーサルデザインの基礎知識　基本編　19

分音符）とタタ（八分音符）が分かり，打ち分けられる」ということが目標であれば，その２種類のリズムだけに集中するのです。そして，児童がそれを学んでいるのかどうかの見取りまで，その場で行います。この活動の中で，児童が先生役をすることも考えられますが，その場合も「タンとタタの組み合わせだけ」で考えさせるようにします。「今は，これが活動のねらい＝学びの目標」だからです。そして，児童にもこの目標が分かり，自分の学びが自覚できるように導きましょう。

6 指導目標―活動―評価　３つの整合性

　簡単な例を挙げましたが，このように指導目標（めあて）―活動―評価が整合し，教師が児童生徒の学びまでを見取ることができ，児童生徒自身もそれが自覚できるような活動のまとまりを連ねる，という考え方は，学年が上がり，指導内容が高度なものになっても有効です。授業のどの部分も，この３つをきちんと揃えておくように授業をつくれば，その１時間の授業は合格です。一般に授業 UD の考え方として，時間の見える化，場の構造化，スモールステップ指導，ルールの明確化，などさまざまな言葉が挙がっています。でも音楽科では，まず「目標（限定された指導内容とめあて）―活動―評価」がきちんと揃った学習活動のまとまりを考えましょう。その中に，上記のような UD のさまざまな要素が，必ず含まれているからです。

　経験の浅い先生もベテランの先生も，授業の部分部分の小さいまとまりを，「何を目標に？　そのためにどのような活動を？　児童生徒は自分の学びを自覚できているか？　自分は児童生徒の学びを見取れるか？」の視点で，今一度チェックしてください。このポイントを集中的にチェックし，きちんと行ってみる。それだけで，まずは充分です。

　本書の Chapter 3 と Chapter 4 では，細かい具体的なノウハウを紹介しているので，参考になさってください。

Chapter 2

児童生徒の特性に応じた支援

聞くとき困る

見るとき困る

覚えるとき困る

いろいろ困ってる

この章では，音楽の授業を受ける児童生徒は多様であることをお伝えし，困りごとを具体的な子どものつぶやきで示しました。そして，それぞれの子どもの状況の理解の手掛かりとして，「このような対応はいかがでしょう」を設けました。

この章をお読みになると，授業をする先生は児童生徒の見方や考え方が変わって，子どもへの声かけや授業の展開の仕方が変わるかもしれません。そのような変容を願って作成しました。

※児童生徒のつぶやきは特定の人物ではなく，インタビューでお話しいただいた内容やそれまで出会った児童生徒，文献等を踏まえて構成しています。

子ども理解編

支援が必要な子どもの存在

　どの学級でもよいです。1つの学級を思い浮かべてください。子どもたちの性格，行動，好む事柄などさまざまです。得意なことも苦手なことも子どもそれぞれで異なります。育つ過程で身に付いていることもありますし，もともとの資質の場合もあるでしょう。1人として同じ子どもはいません。

　そのようなさまざまな児童生徒の中に，「育てられ方」や「自分の努力」ではどうすることもできないような困りごとがある子どもがいます。発達障害がある子どもです。

　発達障害は生まれつき脳の機能がうまく働かなかったり，バランスがよくなかったりするため生じるといわれます。得意なことと苦手なことが極端で，苦手なことは努力してもなかなか成果が現れず，しかも理解されにくい障害であるという点で苦しんでいることが少なくありません。

　だれもが楽しく音楽の力が身に付く音楽授業のユニバーサルデザインを実現するために，まずは発達障害の子どもの理解をしましょう。

〈自閉症スペクトラム障害（ASD）〉

　2013年5月にアメリカの精神医学会の診断の手引きが改訂されて，それまで「広汎性発達障害」といわれていた障害がこの「自閉症スペクトラム障害」に統一されました。特徴としては，次のようなことが挙げられます。

・他者との相互交流やコミュニケーションの障害（他者と気持ちを通い合わせたり，適切に会話を交わしたりすることが苦手など）

・こだわりの強さ（習慣の変化が苦手，特定の物事や現象に強くこだわるなど）

・感覚過敏・鈍感を伴うことがある（聴覚，視覚，触覚などの過敏性や鈍感性）

　厚生労働省は，「自閉症スペクトラム障害の人は，最近では約100人に1～2人存在すると報告されています。男性は女性より数倍多い」と発表しています。

〈注意欠如・多動性障害（AD/HD）〉

　AD/HDは年齢に見合わない多動―衝動性，あるいは不注意，またはその

両方の症状が，7歳までに現れます。下記のような特徴があります。
・多動─衝動性（座席に座っていられない，自らの衝動で行動する，相手の話の切れ目を待てない，など）
・不注意（物を無くす，忘れ物が多い，など）
　厚生労働省は，「学童期の子どもには3～7％存在し，男性は女性より数倍多いと報告されている」と発表しています。

〈学習障害（LD）〉
　読む，書く，計算するなどの特定の事柄が極端に苦手という特徴があります。厚生労働省は「確認の方法にもよりますが2～10％と見積もられており，読みの困難については，男性が女性より数倍多い」と発表しています。

〈発達性協調運動障害（DCD）〉
　きわめて不器用，あるいはきわめて運動が苦手という子どもの中には，発達性協調運動障害の場合があります。日本では第1回日本DCD学会が2017年に開催されるなど，研究が進められています。

　これらの発達障害は，重複していることも多くあります。

　私はまだ寝返りができない頃から，体を動かして信じられないくらいの距離を移動したらしいです。赤ちゃんの時から理由が分からない大泣きをして心配かけていたみたいです。ケガすることもしょっちゅうです。見たい，知りたい，触りたいと思うと我慢できないんだもん。それから短期記憶が苦手です。計算のLDもあります。
　家族もお医者さんも学校の先生も，いいところを見てほめてくれるので，いろいろ失敗はあるけれど，頑張ろうと思っています。(AD/HDとLD)

1 いろいろな音の聴き方，聞こえ方

　音や音楽を聴くことは楽しいことです。ところが，聞こえ方で困っている児童生徒がいます。

Aさん

私は難聴で手術を受けたけれど，まだ**聴き取りにくい**です。テレビはテロップが出るから分かりやすい。ゆっくりはっきり話してくれる先生の話は分かりやすいな。

僕は，**大きな音**と**低い音**を聴くと，胸が苦しくなります。音楽を聴く勉強では，急に大きな音になるのが怖いから耳をふさいでいるよ。

Bさん

Cさん

私は小学校の低学年のときに，鍵盤ハーモニカの個人練習の時間に**音が重なって**気分が悪くなりました。保健室に連れて行ってもらったこともあります。

とても小さな音や声も聞き取ることができるので，**聞こえすぎて**疲れます。独り言を言うと，他の音があまり聞こえなくて，落ち着くんだよ。

Dさん

> 小学校のときに，きれいにそろった歌声しか受け入れられなくて，**自分たちで歌うとき**にとても不快でした。最近は少し我慢できるようになりました。

Eさん

> 鳴っている音や声が**全部一緒になって聞こえてくる**から，すごく苦しい。授業中にデジタル耳栓を使うようになって，少しよくなりました。この耳栓を理解してほしいな。

Fさん

🎵 このような対応はいかがでしょう

Aさん：耳の機能による聴き取りにくさのある子どもです。どちらか片方の耳を話す人に向けている場合もあります。話すだけでなく文字情報とともにゆっくりはっきり伝えることで分かりやすくなります。

Bさんから Fさん：自閉症スペクトラムの聴覚過敏の子どもたちかもしれません。同じ音や音楽を聴いていても，人によって聴こえ方，不快に思う音や音楽が異なります。他の人には分かりにくい状況です。特に小さいうちは，なかなか他の人に伝えられず苦しい思いをしているケースが少なくないはずです。Dさんのように他の音をマスキングするために独り言を言うことがあります。また，耳をふさいだり，苦しそうにしていたら，本人にやさしく声かけしてください。本人から気持ちを聞き，他の先生や保護者と連携して，状況を把握し，その児童生徒が心地よく授業に取り組める手立て（状況に合うタイプの耳栓やイヤーマフの使用，リソースルームの活用など）を講じましょう。

Chapter 2　児童生徒の特性に応じた支援　子ども理解編

2 いろいろな見方，見え方

同じものを見ていても，実は見え方が全く違うことがあります。見る場合の困りごとにはこのようなことがあります。

Gさん

小さい頃，目を細めて見た方が遠くを見やすかったから**近視**だとおうちの人が気づきました。メガネをするのが恥ずかしいから学校でしていないことが多いです。

小さい頃，遠くの楽しいものばかり追いかけて走り回っていました。3歳児健診でお医者さんに**遠視**を見つけてもらって，メガネをかけています。近くにも楽しいことがいっぱい！

Hさん

Iさん

「先生の方を見て」と言われて，**ちゃんと見ているのに顔が斜め**だったので，よく注意されました。しくしく。片方の目が**弱視**だから自分に合ったメガネをかけたり，通級指導学級に行ったりして勉強しやすくなりました。

明るいのが苦手です。太陽はもちろん苦手。学校の教室の蛍光灯では白い紙に書かれた字が読めません。自分で影をつくって，教科書を読んでいます。箱をすっぽりかぶってもいい？

Jさん

色やデザインが複雑だと苦手です。ずっと見ていると気持ちが悪くなります。先生の話はずっと下を向いて聞きます。音楽室の五線黒板にきれいな色でいろいろ貼ってあるけど，**掲示物は必要なものだけ貼ってほしい。**

Kさん

読むことと書くことが苦手です。**五線の楽譜は情報が多すぎ**て，読めません。「楽譜の3段目から演奏しましょう」と言われても分からない。歌ってくれれば分かるのにな。

Lさん

このような対応はいかがでしょう

Gさんは近視，Hさんは遠視でメガネによる矯正が必要ですが，Gさんは少し恥ずかしい気持ちをもっているようです。メガネが必要な子どもが安心して使用できる学級づくりが重要です。Iさんは弱視という診断が出たようです。通級による指導と連携を図って，学習しやすい教材（拡大教科書，ゴシック体を用いたプリントなど）を活用しましょう。Jさんと Kさんは自閉症スペクトラムの視覚過敏の子どもたちかもしれません。たとえば Jさんは，室内でもサングラスやPC用メガネをかけるとよいかもしれません。色付きの透明シートを教科書などにかぶせることで改善できる人もいます。Kさんは教室の前面を必要な事柄のみにするよう心掛けることで学びやすくなります。Lさんは学習障害（LD）のうち，読むことと書くことが苦手なタイプかもしれません。大きな病院や自治体にLDセンターがあります。家庭やLDセンターと学校が連携を図って，本人の取り組みやすい方法を探りましょう。器楽では本書101ページや103ページに紹介している楽譜が有効な場合があります。

3 いろいろな覚え方，記憶の仕方

学校の勉強は，「予習・復習をよくして，定着しましょう」とよくいわれますが，人によって覚え方，記憶の仕方がいろいろです。

Mさん

「この前歌った歌を覚えていますか？」と先生がおっしゃったので，思い出したら，たくさん記憶が出てきて，選べない。私の記憶は，鮮明だけど，箱の中にバラバラに入っている，**いつ撮影したか分からない写真みたい**です。

「この前の音楽の授業」っていつだっけ。次の授業は何の教科だったかな。よいことも悪いことも忘れてしまう。**いつ，何をするかを教えてくれるスマホのリマインダー機能**を学校でも使いたい。

Nさん

Oさん

音楽の先生によるOさんの解説。**興味をもつとそれまでのことを忘れます。**音楽室に入って，笛の準備をしようとしたときに，お友達の笛袋を見に行ったから，笛の準備を忘れました。席に着きましょうと声掛けしたら，席に戻って笛を袋から出そうとしましたが，隣のお友達が好きな芸人さんのことを話していたので加わり，自分もその芸人さんのことを話し続けたので，授業の始まりに笛の準備が間に合いませんでした。

このような対応はいかがでしょう

　発達障害のある人で，Mさんのように記憶力がたいへんよい人がいます。Mさんは，新しい記憶も古い記憶も同じくらい鮮明なようです。そのため，いきなり悲しかったことや怖かったことも思い出すこともあるでしょう。思い出して楽しかったと思える音楽の授業をしてほしいと思います。Nさんは，短期記憶が苦手なようです。繰り返し大切なことを伝えていきましょう。また，忘れてしまっても，楽しかった思いはその人の心をつくります。Nさんにも音楽の授業が楽しいと感じてほしいと思います。忘れやすい人にはリマインダー機能はとても役立ちますが，まわりのお友達が障害の特性を理解して，「音楽室に行こう」や「次は体育だから着替えよう」と声をかけてくれるとよいですね。OさんはAD/HDの注意欠如と思われます。興味をもつものに出会うと，今まで思っていたことやっていたことを忘れて，興味のあるものに向かいます。それが次々に起こるので，いろいろなことが途中のままになり，もしかしたら机のまわりはプリントや筆記用具などが散らかるかもしれません。シンプルなルールを決めて守るように促しましょう。まずは，「音楽室に来たら，決まった座席に座る」「先生のお話は黙って聞く」から始めてはいかがでしょうか。また座った先には不要な掲示はせず，すっきりと。AD/HDの子どもは作業記憶（ワーキングメモリー）が弱いので指示は短く分かりやすく，が大切です。必要に応じてToDoリストなどを図示するなどしながら，見通しをもって学習できるようにしましょう。叱られて育っている場合も多くあります。小さなことでもほめて，自己肯定感をもてるようにしてください。実体験が身に付きやすい特徴がありますので，実技教科である音楽で楽しく学んでほしいと思います。

4 いろいろな，うまくいくこといかないこと ASD編

　ASDの特徴として，変更が苦手，言葉通りに受け止める，知覚過敏・鈍感の場合があるなどが挙げられます。授業ではこのような困りごとがあります。

いつもリズム遊びがあって，次に歌を歌う，という授業の流れが好きなのに，**突然の変更**で「今日は音楽を聴く勉強をしましょう」と言われました。イライラして不機嫌になりました。

Pさん

「どうして**同じ言葉を繰り返す**の？」と聞かれて，「どうして」「繰り返すの」と答えました。相手の言ったことを理解するのに時間がかかるから，同じことを繰り返しながら考えてるんだ。

Qさん

鍵盤ハーモニカの練習で，「手の中に玉子を持っている感じで」と言われたので，**言われた通りに**手の平を上にして玉子を持ったつもりでいたら違うと言われました。手の平を上にしないと落ちちゃうじゃない。

Rさん

教室の蛍光灯の音がジージーしているし，まぶしいし，**本当に本当に疲れる**。集中できるのは，2時間くらいが限界なんだ。

Sさん

30

ぶつかっても知らんふりしているとか，足を踏んでも謝らないなんて言われます。**全然自分では気づいていない**から，それは言いがかりだ！ってけんかになっちゃう。

Tさん

嬉しいとき，ストレスがあるとき，**動きたくなります**。跳んだり走ったりすると気持ちいいよ。

Uさん

🎼 このような対応はいかがでしょう

Pさん は，突然の変更が苦手なタイプです。不安になったりイライラしたりしないために，あらかじめ次の授業で行うことを予告しておいたり，授業内容が突然変更することも予定に入れておく指導をするとよいでしょう。 Qさん は，いわゆる「オウム返し」の状況です。東田（2016）は「質問を繰り返すことによって，相手の言っていることを，場面として思い起こそうとする」と説明しています。あせらずゆっくり関わりましょう。 Rさん は言われたことをそのまま受け止めるため，比喩を理解することが苦手です。たとえ話は分かりやすいのですが，伝わりにくい子どもには鍵盤と教師の手を画面に映して，なぜ指を曲げて弾く方が伸ばして弾くよりもよいかについて説明をしてはいかがでしょう。 Sさん はいろいろな知覚過敏があり，そのためにとても疲れやすい特性があります。 Tさん は感覚鈍感で困っています。いずれも本人にはどうしようもないことです。理解して指導することが大切です。 Uさん については，栗原類さんの主治医の高橋猛先生の言葉がヒントになります。発達障害の子にとって，絶対的に大切なのは実体験であること，ドーパミンなどの報酬系のホルモンは，発達障害のある子たちは側頭葉（運動野）で感じることで出るとおっしゃっています。音楽は実体験そのものの教科です。自信をもって楽しい授業を展開しましょう。

引用：東田直樹『自閉症の僕が跳びはねる理由』角川文庫．2016年6月．p.20

5 いろいろな，うまくいくこといかないこと　DCD編

「いずれできるようになる」とあまり重視されていなかった「不器用なこと」ですが，発達障害として知られるようになっています。

Vさん

> 手にけがをして，ノートをとれないから，**タブレットの持ち込みを許可**してもらいました。文字盤で字を選ぶのはできるし，黒板をカメラ機能で撮影もできる。便利だったな。

Wさん

> 実は**くつひも**が結べない。**マスの中に字**を書くのは苦手だし，**音符も線からはみ出し**ちゃう。家ではタブレットを使って勉強しているから，学校でも使いたい。Vさんはケガをしたときに使っていた。うらやましかったよ。

Xさん

> 登下校で歩いているときは，あんまり言われないけど，**音楽に合わせて行進できない**から，「どうして合わないの？」って言われちゃう。一生懸命やっているのに。

Yさん

> 鍵盤ハーモニカから始まって，ソプラノ・リコーダー，打楽器，アルト・リコーダー，そして三味線…。中学生になったけれど，**楽器全般**が敵！　でも，音楽を聴くのは大好きだよ。

このような対応はいかがでしょう

　ここでは，DCDの子どもについて理解を深めましょう。DCDはDevelopmental Coordination Disorder（発達性のコーディネイションの障害）の略です。宮原（2017）は「視覚情報と運動情報の処理に問題のある状況で，自分の身体内外での動きや，姿勢制御，運動計画などが難しい」と説明しています。Vさんは，DCDということではなく，手にケガをしたという分かりやすい理由で，タブレットの使用が認められました。しかし，Wさんは学校生活上の困りごとがありますが，タブレットの使用が認められていない状況のようです。たとえばタブレットを使用してノートを作成してよい教科を本人や先生方，そして保護者とともに相談して決めるというのもよい方法だと思います。音楽では，音楽ソフトの記譜の機能などは手書きが難しい子どもでも活用できます。Xさんは，音楽を聴きながら体を動かす楽しさを味わうことが大切です。まわりのお友達が，Xさんがずれていても一生懸命やっていることを認めることも重要です。Yさんは「楽器全般が敵！」と言っています。楽器の授業が楽しめなかったのでしょう。DCDと思われる子どもたちは，スモールステップで取り組むことで，少しずつできることが増えていきます。ですから，まずは，何ができるかを捉えます。楽器で正しく音を出せる範囲はどこでしょうか？　指示通りに叩けるリズムはどのようなリズムでしょうか？　その子その子で状況が異なるので，できることを確認し，本人と相談して目標を決めて取り組むことや，その子ができることだけで合奏に参加できる特別パートを作成するなど，達成感を味わわせるようにしましょう。たとえば演奏は特別パートでも，クラス内発表会の司会を担ってもらい，よい発表会をつくることに参画するなどはいかがでしょうか。

引用：宮原資英『発達性協調運動障害　親と専門家のためのガイド』スペクトラム出版．2017年4月．p.47

小学校

特別の教科道徳「みんな違ってみんないい」授業プラン

　授業のユニバーサル・デザインを行う上で，その学級の児童生徒がそれぞれ異なる個性があることを理解し認め合う学習集団であることが重要です。さまざまなアプローチで，「みんな違ってみんないい」を伝えていきたいものです。ここでは，小学校第3学年を例に，考え，議論して違いを認め合う道徳性を育む例を紹介します。

小学校第3学年　道徳科学習指導案（略案）

1　主題名　「楽しい学級」

2　ねらいと教材

（1）　ねらい

　　A［個性の伸長］自分の特徴に気付き，長所を伸ばすこと。

　　B［相互理解，寛容］自分の考えや意見を相手に伝えるとともに，相手のことを理解し，自分と異なる意見も大切にすること。

（2）　教材

　　子どもの気持ちを知る絵本③『発達凸凹なボクの世界―感覚過敏を探検する―』プルスアルハ著．2015年．ゆまに書房．ISBN978-4-8433-4603-7.

3　主題設定の理由

　中学年は，自分自身を客観的に見られることができつつある時期である。教材の読み聞かせを通して，主人公のタクさんの困りごとに心を寄せながら，自分自身の得意なことや苦手なことを自覚できるようにする。また，タクさんにどう接したら，学級内で楽しくなるかを考えることで，自分たちの学級でも楽しく過ごすために相手に寛容な言動ができるようにする。

4 指導計画

	学習活動	◇教師の働きかけ ◎発問　　・予想される児童の反応
導入	①学級で楽しいと思うことを思い出す。	◎先生はこの学級で皆さんと過ごすことはとても楽しいと思う。皆さんはどのようなときに楽しいと思うか？ ・休み時間に友達と遊ぶとき。 ・勉強が分かったとき。 ・すきなメニューのときの給食。など
展開	②本時のねらいを知る。 ③読み聞かせ教材の内容を知る。 ④タクさんの困りごとを理解して発表する。 ⑤自分だったらどのように接するかを考え発表する。 ⑥自分の苦手なことと得意なことを考え記入する。	◎これから読む絵本の主人公は，学級が楽しくないという子どもである。もしこの学級に主人公がいたらどうしたら楽しい気持ちになってもらえるか考えながらお話を聞こう。 ◇読み聞かせる（プロジェクターで映して絵を見せるとよい）。 ◎タクさんはどのようなことに困っていたか。 ・大きな声や音が苦手。 ・チクチクする服がいや。 ・食べ物の匂いが苦手。など ◎もしこのクラスにタクさんがいたら，どのように接したらよいだろうか？ ・なるべくやさしく声をかける。 ・耐えられない大きさの声を教えてもらって気をつける。 ・服を脱いでいても，笑わない。 ・匂いが入ってこないようにドアをしめる。 ・マスクをしたらどうか勧める。など ◎タクさんは周りの大人と「苦手探検」をした。自分の「苦手探検」と「得意探検」をして発表してみよう（ワークシート使用）。
終末	⑦教師自身の苦手探検と得意探検を知る。 ⑧何人かの児童の苦手探検と得意探検を知る。	◇教師自身の苦手と得意を発表し，大人も努力し続けていることを伝える。 ◇何人かの児童の記述を紹介し，認め合って楽しい学級にするようしめくくる。

Chapter 2　児童生徒の特性に応じた支援　子ども理解編　**35**

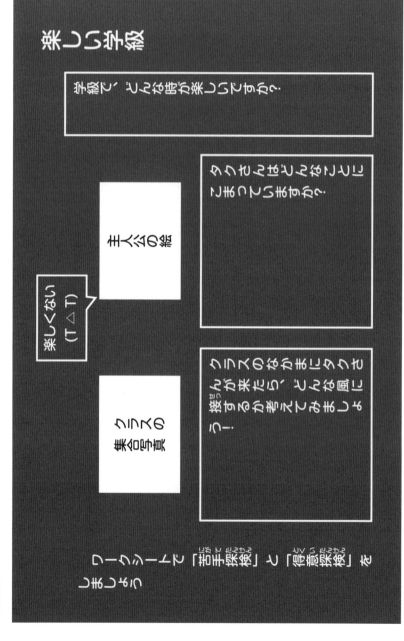

板書例

ワークシート例

道徳科

楽しい学級

名前 _____

1 自分の探検(たんけん)をしましょう

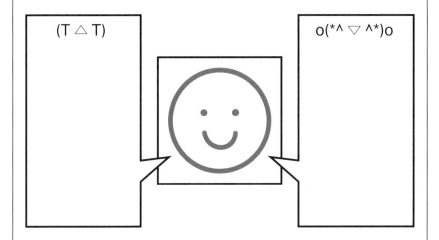

2 今日の道徳科の勉強をふりかえって

① タクさんのこまりごとを発見できましたか　　　　はい　いいえ
② タクさんにどのように接(せっ)するか思いつきましたか　　はい　いいえ
③ 自分の探検(たんけん)ができましたか　　　　　　　　はい　いいえ
④ これから楽しい学級のためにどのようなことに気をつけてすごそうと思いますか。

_____

Chapter 2　児童生徒の特性に応じた支援　子ども理解編　37

中学校

チーム学校　多様な連携による特色ある中学校

　平成27年12月には，中教審答申第185号「チームとしての学校の在り方と今後の改善方策について」が示されました。そこでは，多様な人々とつながり開かれた学校の重要性が述べられています。また，「学校が，複雑化・多様化した課題を解決し，子供に必要な資質・能力を育んでいくためには，学校のマネジメントを強化し，組織として教育活動に取り組む体制を創り上げるとともに，必要な指導体制を整備することが必要である。その上で，生徒指導や特別支援教育等を充実していくために，学校や教員が心理や福祉等の専門スタッフ等と連携・分担する体制を整備し，学校の機能を強化していくことが重要である。」ことが示されています。

　まさしくこの求められているチーム学校を実現している中学校があります。

1 ご協力くださった学校

　東京都の市部の中学校です。「一生懸命がかっこいい‼」を教職員も生徒もそして保護者や地域の方々も大切にしながら，生徒の個性を伸ばしています。本校のホームページでは学習，スポーツ，文化活動やさまざまな体験学習活動の取り組みが生き生きと発信されています。

　また，市のプレスリリースや市立学校の教育のよさを伝える広報誌にもたびたび登場し，大胆で繊細ともいえる教育活動の一端を垣間見ることができます。

　多くの専門家との連携により，生徒の個性を伸ばしていますが，その1つである入学前説明会での取り組みを紹介します。

2 　発達診断の専門家との連携

　公立中学校の多くは，入学前に保護者や児童対象の「入学説明会」を開催します。本校では，入学予定の小学校６年生児童を対象に，中学校の特徴の説明の他に，短時間で取り組める基礎的な筆答テストや楽しいグループ活動などを取り入れています。多くの教職員に加えて在校生がスタッフとして児童を案内したり，活動を見守ったりするなどの体制で行われます。これらの取り組みの中で，学校が発達診断の専門家と連携し，「中学校での学校生活や学習で困りごとがありそうな児童」を見い出し，それぞれの子どもに合った関わり方や配慮事項を想定します。たとえば，「この子は聴いて覚えることが苦手かもしれないから，授業は話だけではなく，視覚的な情報と合わせて伝えたほうがよい」「発達の偏りがあり，とても優れているところがあるとともに，読みに困難がありそうなので，読みやすくする方法を本人と相談するとよい」などです。個に応じた手立てを専門家が発達支援コーディネーター他，特別な支援担当の先生方に助言します。

3 　特別な支援の必要な生徒を支える体制

　本校は，以前から特別支援教育コーディネーター中心にきめ細やかな取り組みを行っています。現在は，前述したように入学前から個々の特性を捉えるとともに，折々その専門家が来校して，経過を把握し，さらに生徒たちがのびのびと学校生活を送り，学びやすいよう学校と協議をして進めています。

　現在の特別支援教育コーディネーターの先生は，自主的研修として，発達や心理検査について学んでいらっしゃるとのこと。また，発達診断の専門家の先生は，学校の先生方の生徒一人一人を捉える力が高まっていて素晴らしい学校であるとおっしゃっていました。

4 本校の音楽科の先生の授業

　ピアノも歌唱もたいへん上手で，この先生のピアノを聴いたり一緒に歌っ
たりするだけで，幸せな気持ちになるだろうと思えるような演奏のできる先
生です。そして，笑顔でやさしい声掛けをなさいます。特別な支援の取り組
みの中心的な先生でもあるため，言語活動を取り入れる際も，生徒が無理の
ないよう，たとえば「1行書けばOK」くらいの課題を与え，全員が無理な
く取り組むことができる展開をしています。返却する際は必ずコメントを付
けて返し，生徒の意欲を高めています。

　本校の特色ある行事である合唱コンクールでの感動を生み出す基礎は音楽
の授業で全員の意欲と基礎的な知識・技能を高め，よく考える力をつけてい
るところにあると感じました。

Column ◁))) ―発達障害のある生徒の入試―

　平成20年に文部科学省が，都道府県教育委員会に対し実施した調査※によりますと，高等学校の入学試験における発達障害のある生徒への配慮の事例に次のようなものが挙げられています。

- 別室受検（自閉症，高機能自閉症，LD，アスペルガー症候群，ADHD 等）
- 試験時間の延長（LD）
- 集団面接を個人面接で実施（自閉症）
- 問題用紙の拡大（LD，広汎性発達障害）
- 問題文の読み上げ（LD）
- 監督者による口述筆記（LD）
- 前日に試験会場の下見（高機能自閉症）
- 介助者が同席（自閉症）
- 保護者の別室待機（ADHD）
- 学力検査問題の漢字のルビ振り（LD）
- 集団面接の際，誰かが先に行動を見せないと自分ではできない面がある生徒に対し，同じ中学校の受験生と同じグループで受検させた（アスペルガー症候群）
- 面接の際，質問をわかりやすく伝え，回答を急かさない（LD）
- 面接の順番を早める（高機能自閉症）

　かなりきめ細やかに配慮されています。中学校に入学して早い段階で，本人が力を発揮しやすい試験方法を見い出し，早い段階で学校から教育委員会などに問い合わせて確認することが重要と考えます。「高校入試でも，このような方法で試験をしてもらえるから，頑張って勉強しようね」というような励ましも可能となります。

※ http://www.mext.go.jp/b_menu/shingi/chousa/shotou/054_2/shiryo/attach/1283071.htm（2018.03.16アクセス）

おススメ文献

■書籍等

阪井恵『明星大学大学院　教育学研究科　年報　第2号』より「音楽授業のユニバーサルデザインに向けて―音楽科の教師・研究者のための基本的な情報―」2017年3月15日.

阪井恵，北島茂樹，酒井美恵子『明星大学　平成28年度　重点支援研究費研究成果報告書』「小学校音楽科および算数科授業のユニバーサルデザインに向けた基礎研究」平成29年5月.

※以上は明星大学ホームページ→機関リポジトリからダウンロード可能。

西本絹子・古屋喜美代・常田秀子『子どもの臨床発達心理学　〜未来への育ちにつなげる理論と支援』萌文書林. 2018年

宮原資英『発達性協調運動障害　親と専門家のためのガイド』スペクトラム出版. 2017年4月.

月刊誌『実践障害児教育2017年7月号　特集　発達性協調運動障害とは何か？』学研プラス. 2017年6月.

栗原類『発達障害の僕が輝ける場所をみつけられた理由』KADOKAWA. 2016年10月.

栗原類『マンガでわかる　発達障害の僕が羽ばたけた理由』KADOKAWA. 2017年12月.

東田直樹『自閉症の僕が跳びはねる理由』エスコアール. 2007年2月. ／角川文庫. 2016年6月.

兼田絢未『マンガ版　親子アスペルガー　明るく，楽しく，前向きに。』合同出版. 2012年4月.

■ DVD

NHK放送2014. 8.16「君が僕の息子について教えてくれたこと」NHKエンタープライズ. 2015年2月.

■ WEBページ

「NHK　発達障害プロジェクト」

http://www1.nhk.or.jp/asaichi/hattatsu/index.html

「NHKポータル　大人の発達障害」

http://www.nhk.or.jp/heart-net/hattatsu-otona/index.html

「特別支援教育の在り方に関する特別委員会 合理的配慮等環境整備検討ワーキンググループ（第4回）」配付資料5-9「注意欠陥・多動性障害に関する学校における配慮事項について」

http://www.mext.go.jp/b_menu/shingi/chukyo/chukyo3/046/siryo/attach/1311209.htm

「日本DCD学会」Facebook「DCD-JAPAN」

https://www.facebook.com/DCD.JAPAN/

「知ることからはじめよう　みんなのメンタルヘルス」（厚生労働省ホームページ）

http://www.mhlw.go.jp/kokoro/know/disease_develop.html

Chapter

3

ユニバーサルデザインによる授業づくりの工夫30

指導技術編

物的環境

1 音楽室のレイアウトと使い方

Chapter 1でも，音楽授業のための最も基本的な環境整備として教室の使い方は重要なポイントなので，実情に即して学校全体で考えていただきたい旨を述べました。普通教室での授業・音楽室での授業，机を置く場合・置かない場合，身体を動かせるスペースのとり方など，これまでの慣例にとらわれず，指導目標に合った活動をするのにベストと考えられる教室の使い方をしっかり考えて，変えるべきところがあれば，思い切って行動を起こしてください。

1 椅子と机の使い方

2018年現在ですが，音楽室には基本的に机を置いていない学校が多いように見受けます。平成（1989年〜）の30年間の音楽授業では，グループに分かれて音楽づくりを行う活動や音楽に伴い体を動かす活動が盛んになりました。場合に応じて広くスペースをとれることが，授業の目標に照らして合っていたのです。

しかし現在は「思考力・判断力」を養うことが学校教育全体の課題として意識され，音楽の授業でも，知覚・感受したことをもとに考えて表現するため，グループでの相談を記録したりワークシートを記入したりすることが欠かせません。話し合いや筆記の活動に快適に取り組めるという観点からすると，机やテーブルが，すぐに使えることが望ましくなっていると思います。目標に合わせた学習活動のため，一度見直しをしてみましょう。

また身体の発達の問題で，小学校低学年では，椅子だけだと10分もじっと座っていられない場合があります。椅子の高さが身長に合っていなければ座り心地が悪いですし，姿勢を制御する深部感覚や筋力が育っておらず，体幹がしっかりしない児童は姿勢が保てません。このような場合，机が一定の支えとして機能します。学年が上がってもこの配慮が必要な児童生徒はいる可能性があります。その視点でのチェックをしてみましょう。

2 いろいろなレイアウト

(1)机を使う学習と，音楽に合わせて体を動かすなどの学習が両立するレイアウトは難しいですが，この例はそれをかなり実現できそうです。全体に広い部屋が必要ですが，小学校ではかなり有効でしょう。(2)はキャリー付き長机をハの字型にレイアウトしています。扱い慣れると便利です。

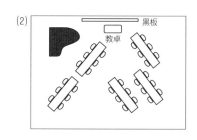

(3)(4)はそれぞれ椅子だけの方式で，書くときには後ろを向いて椅子を机代わりにするなどのルールを決めます。机と椅子を備えた列をつくっておき，児童生徒のタイプによっては，学習に集中しやすくするため，机のある席を選べるようにするのも一案です。

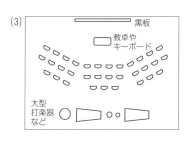
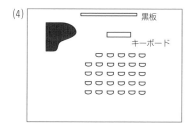

3 理想的には

理想的には，文字どおりのアクティブ・ラーニングを実現する，キャリー付きの椅子と机で，思い通りに離れたり寄ったりできるものが開発されているので，将来的にはそのような設備が入ってほしいと思います。

物的環境

2 ものの置き場所，整理整頓

> 音楽の授業では，みんなで使用する楽器や楽器演奏に必要な物がたくさんあります。金管バンドクラブや吹奏楽部が使用する楽器も音楽室や音楽準備室に置かれている場合があります。毎回，音楽室に置かれている楽器やバチ類などが異なるところに置かれていると，落ち着いて授業に取り組みにくいものです。ものの置き場所を決めて，整理整頓しやすい音楽室にしましょう。

1 使うもの，保管するもの，処分するものにまず分類する

　歴史のある学校では，音楽室や音楽準備室にたくさんの楽器や楽譜，掛け図，映像資料（DVD，LD，ビデオテープ等），音源資料（CD，MD，カセットテープ等），コンピュータソフト，賞状，写真，行事のプログラムなどが置かれていることがあります。棚がたくさんあっても日常的に使っているのはごく一部ということはありませんか。あるいは，日常的に全く使わないものが広いスペースを占めていることはありませんか。まずは教師が「使うもの」「保管するもの」「処分するもの」を判断しましょう。しかし，学校の物品を勝手に処分することはできませんので，管理職の先生及び事務担当者と相談の上，行ってください。

2 使いやすい置き場所，見やすい保管を

次に，授業やクラブ活動・部活動などでどのような頻度で使うかなどを考えて置き場所を決めます。

〈音楽室に置いたままにするもの〉

ピアノのように日常的に使うものは音楽室に置きますが，教師によっても校種や対象学年によっても音楽室に置いたまま使いたいものが異なります。ご自身は何をどこに置いたら使いやすいかを踏まえて考えてください。

〈頻繁には使わないもの，あるいは大きな楽器〉

これも教師や校種，学年によって異なりますが，和楽器などは年に一定の時期だけ使用するという学校もあることでしょう。また，音楽室に置いたままにすると授業の妨げになるような大きな楽器などは，準備室や他のお部屋に置くことがあります。使う場所と置き場所の動線を考え，使いやすく，安全に出し入れできて，しかも授業の妨げにならない場所という視点で考えましょう。

〈保管するもの〉

保管するものは，何年たっても誰が見ても何が保管されているかが明確であるように表示を工夫して保管しましょう。

3 整理整頓の工夫

「元のところに戻しましょう」と教師が指示をするだけで，適切に片付けができるためには，「一目で分かる」がキーワードです。たとえば，小物の楽器やバチ類の場合，入れ物を用途別に色分けする，入れやすい形状の入れ物を用いる，ラベルに物品名やサイズなどを書いて入れ物に貼る，写真で入れ方を示すなどが効果的です。

譜面台や木琴，鉄琴などは物品名に置き方も添えて表示するとよいでしょう。

具体的には50ページからを参照してください。

Chapter 3　ユニバーサルデザインによる授業づくりの工夫30　指導技術編　**47**

3 机・椅子の整列，騒音防止のカバーの活用

> だれもが机・椅子をきちんと並べることができる工夫と，心地よい音環境を生み出す騒音防止のカバーの活用について紹介します。

1 机・椅子の整列について

　床にマークがついていると，児童生徒が自ら机や椅子を整列しやすくなります。

〈マーク例〉
(1) 椅子だけの音楽室：右前足を合わせます。
(2) 机を使う音楽室：右前足を角に合わせます。
(3) キャスター付き長机を使う音楽室：両前足を合わせます。

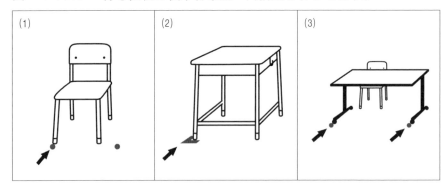

　複数のレイアウトで授業をする場合は，「今日は椅子だけなので，黄色のマークに右前足を合わせましょう」や「長机を使いますので，机の両前足を赤のマークに合わせましょう」など，色を変えると指示しやすいと思います。
　床の材質によってマークのために使用できるテープが異なります。管理職の先生及び施設設備の維持管理担当者と相談してマークしましょう。

2 騒音防止のカバーの活用について

　椅子を引くときなどに，大きな音がして不快に感じることがあります。聴覚過敏の児童生徒にとってはたいへん苦痛だろうと思います。それを防止するために，机と椅子の足に騒音防止のカバーを付けてはいかがでしょうか。市販されているものもありますが，使用済みテニスボールを再利用する方法もよく行われます。

〈テニスボールによる足カバーの作り方〉
(1) 使い古したテニスボールを入手します。近隣の学校や地域などに声をかけて入手する方法や，リユース運動として仲介する団体などに依頼する方法もあります。
(2) 机や椅子の足のサイズを測り，直径よりもやや大きめな十字の切れ込みを入れます。カッターなどを用いる場合は軍手などをして怪我の防止をしましょう。
(3) 机や椅子の足を入れてでき上がりです。

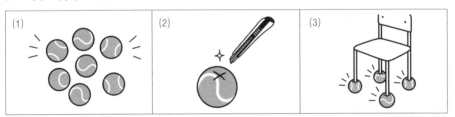

　カッターを使って加工をする場合は，相当力が必要です。大人が行う方が安心です。施設設備の維持管理担当者や保護者の会などのご協力をいただき，電動工具などを使って作るのがよいと思います。
　また，このカバーを使用した小学生が「発熱，セキや鼻血などの化学物質を原因とするアレルギー症状を呈した」と公益社団法人日本薬剤師会学校薬剤師部会が2009年にホームページで情報提供をしています。テニスボールに使われている化学物質にアレルギー反応を起こしたとのことです。化学物質にアレルギーのある児童生徒がいる教室では配慮が必要です。

4 片付け方を分かりやすく

音楽室には，さまざまな楽器やCD，DVD，Blu-rayディスク，楽譜などがあります。誰が戻しても同じようになるということを念頭に片付け方を示す方法を工夫しましょう。

1 複数あるものは通し番号を付ける

同じ形状の楽器や共有して使用する楽譜などがある場合は，通し番号を付けて管理しましょう。ケースがない場合，楽器に直接記入するのは戸惑います。しかし音色に関係のないところに書いたり貼ったりしましょう。

〈例〉

2本でセットのときは同じ番号を書きます。

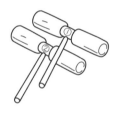
同じ楽器等には同じ場所に番号を書きましょう。

楽譜などは表紙と背表紙に書きましょう。出席番号と対応させて取り出しやすくなります。

2 掲示とテープを活用する

床にテープを貼ると，片付ける場所を限定できます。

〈例：譜面台をすぐ使えるようにしておきたい場合〉

①床にテープを貼ります。
②テープの内側に置くよう文字で示してあります。
③置く向きを文字とイラストで示してあります。

その他，シロフォンや鉄琴などはスタンドの足を置く場所をテープで示したり，ドラムセットの置き方を掲示して床にスタンドを置く場所にテープを貼ったりするなど，さまざまな楽器で活用できます。

3 似ているものはラベルを活用して分ける

棚にラベルを貼ることはよく行います。いろいろな入れ物にもラベルを活用して，分類しやすくしましょう。

〈例〉箏爪を大きさ順に入れられるよう，箱に数字のラベルを貼ります。サイズが合わない場合用にマジックテープの爪も用意してある図です。

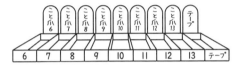

〈例〉スティックやマレットは同じものだけを入れます。分かりやすいよう写真やイラストも貼ります。

4 お店屋さんを参考にする

お客さんが選びやすいよう，そして手に取りやすいよう商品名のラベルや商品の高さなどが工夫されています。それは手に取った商品を戻しやすいということでもあります。いろいろなお店の工夫を，参考にしましょう。

〈例〉楽器店を参考に（使用別，種類別にラベルを付けた間仕切り）

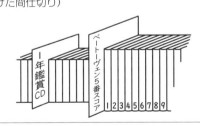

〈例〉スーパーマーケットを参考に（高いところに大きな字）

なお，床のテープや大きな掲示は，学習場所（「次の人はここで待ちましょう」や「この下で練習しましょう」など）を示す場合にも使えます。

ルールの設定と徹底

5 お話や音楽を静かに聴く

し〜んと静まることは，先生や友達のお話を聴くときだけでなく，音楽科の授業では，音楽を聴くとき，自分たちの演奏の前後，そして音楽づくりや創作のためにもキーとなります。音楽は，言ってみれば，静寂というキャンバスの上に描かれる絵です。し〜んとすることは，常に心がけて習慣化しないとできません。時間と手間をかけても，低学年のうちから徹底しましょう。

1 せ め て く ？（110ページ，小学校低学年の事例に具体例）

お話を聴くときのために，「せなかは？　目はどこを？　手はどこに？　口はどうする？」といった約束を，低学年からしっかり決めます。守ることの大切さを児童と確認し続けましょう。これを「せ，め，て，く」などと合言葉のようにして守ろうとしている学級もあります。姿勢を整えると，呼吸が楽で疲れにくくなり脳の活性化につながります。落ち着くことの苦手な児童生徒に「せ，め，て，く」カードを持つ出番をつくり，友達に約束を思い出させる役を割り当てるのも一案です。このアクションにより，参加しながら楽になれます。

2 フリーズ！●秒

特別支援教育では，聞く力の基礎として「体の静止」を重視します。一例ですが，静寂場面をつくるためにも有効な「音になる！」アクティビティを紹介します。トライアングルやチャイムや少量の水をいれたステンレスボール（底をマレットで打つ）など，発音から減衰に時間のかかる音を準備し，音が鳴っている間はぴたりと静止するアクティビティです。授業では静寂を生み出す手立てとして行い，音が消えたらすぐに次の活動に移ります。

3 聴くことについて一緒に考える学習

　きいて認識する力は，学習の積み重ねで高まります。音楽の授業は耳から
の情報を上手に処理する力を養う役目も果たすのです。

　中学年になったら，時期をみて「聞く」と「聴く」を比べて考える機会を
つくってみませんか。「聴」は中学校で習う漢字ですが，中学年なら既によ
く知っている「耳＋目，心」で成り立っています。どんなきき方が「聴く」
なのか，小学校3年にもなれば充分考えることができます。国語や総合的な
学習の時間との連携を図り，年間指導計画に組み込んでほしいトピックです。

対象学年	考えられる学習内容の例
中学年	・クイズ：「聴」は何と読むでしょう？　→ヒント：送りがなをつけると「聴く」になります。→解答 ・「聞」と「聴」の成り立ちを比べて，気づくことを話してみましょう。ワークシートで字をなぞる，分解するなど。 ・（何か音や音楽を少しきいて）「今のあなたのきき方は聞くでしたか？　聴くでしたか？」→ワークシートなどに記入。
高学年	・クイズ：　音楽の教科書には「（…を味わって）ききましょう」と書いてあります。どうして「聞きましょう」と書いていないのでしょう。2年生で漢字を習っているのですが？→ペアやグループで話し合う。 ・国語辞典，漢和辞典などを使った調べ学習　「きく」→「聞く」と「聴く」→「聞」「聴」を含む熟語調べなど。
中学生	・聴覚障害のある，世界的に有名な打楽器奏者で，エヴェリン・グレニーという人がいます。グレニーさんは Hearing is a form of touch.（聞こえるというのは，触れられることの1つのかたちです）と言っています。これは，一体どういう意味なのか，話し合ってみましょう。 ※参考DVD「タッチ・ザ・サウンド」（ポニーキャニオン2007，116分，ASIN：B000NJLVQU）この中に上記の発言がある。先生は一度見ておくとよい。

Chapter 3　ユニバーサルデザインによる授業づくりの工夫30　指導技術編　53

6 机上の整理，持ち物の整理

音楽の授業は，全体に持ち物が多くなりがちです。通常の学級には，複数のものを手際よく扱い分けることが非常に苦手な児童生徒が，必ずいると考えましょう。発達障害のあるお子さんを育てられた保護者の方から，音楽は持ち物が複雑で多すぎ，その上音楽室への移動があり，学習以前の困難が多すぎるというお話を伺っています。小学校低学年のうちは，持ち物の整理整頓，個人持ち楽器のスムーズな出し入れなど自体を，授業で取り上げる指導内容の一部と考え，毎回でも確認したり声掛けしたりしましょう。

1 机の上　本当に必要なものは？

　AD/HDやその傾向のある人の場合，目に入るものが多いと，注意力が散漫になり集中すべきところに向かなくなってしまいます。それを防ぎ，全員が授業に取り組めるようにするためには，授業で本当に必要なものが何かの見直しを含めてチェックをしましょう。教科書は学校に置いておく，学級で集めておき，授業時に配布というやり方をしている学校もあります。電子黒板，板書，拡大歌詞などで，ある程度まではこと足りる場合もあるでしょう。

　コンパクトなサイズの歌集は，つい手を出してパラパラとめくりたくなるもののようです。さまざまな場面で役に立つので，1人1冊あるとよいのですが，配慮も必要です。教科書，歌集，筆記用具などは，机の上にどのように置くか，新学期にルールを決めておくようにしましょう。

例：机の左上に教科書と歌集。
使わないときはこの位置に。小学校1年生の教室なら，名前シールの位置などとの関係を考慮する。

例：椅子だけの音楽室の例。
椅子の背にフックを取り付け，音楽袋を提げる。

2 鍵盤ハーモニカの置き場所・扱い

　鍵盤ハーモニカは，学習指導要領にも例示されているので，小学校低学年で使用するのが通例になっています。ケースの材質，形状が少しずつ異なったり，音楽袋に入らなかったりするのですが，床に置けば，倒れたり蹴とばしてしまったりします。持ち物としての扱いが難しく，授業に集中できない原因の1つになる場合が少なくありません。

　鍵盤ハーモニカは，音楽室に持ってくる場合でも，置き場所を決め，列やグループごとに整頓して並べておくとよいでしょう。簡易的な棚などがあればベストですが，床の上にビニールテープなどの目印でコーナーを設け，そのスペースに並べておく，というだけでもよいと思います。必要に応じて，列やグループごとに取りに行ったり片付けたりしましょう。

　事情が許せば，鍵盤ハーモニカを学校で人数分備え，唄口パイプのみ個人持ちにするのが望ましいですし，近い将来には電子キーボードやタブレットに替わっていくと思われます。

7 授業のめあて，始まりメニューの提示

ここでは，音楽の授業に安心して取り組むことができる「授業のスタート」について，工夫を紹介します。

1 いつも同じ活動からスタートする

いつも同じ活動から始まることで，これから音楽の授業に取り組むという心構えが無理なくできます。

〈例〉
- （歌唱）いつも決まった始まりの歌を歌う。／発声をして既習曲を歌う。歌集から選んで歌って楽しむ。
- （器楽）鍵盤ハーモニカやリコーダーの基礎練習と既習曲を演奏する。
- （音楽づくり・創作）教師のリズミカルな呼名にリズムや旋律を付けて「はい」と答える。／鍵盤ハーモニカやリコーダーでつくった短い音楽（たんたんたんうんのリズムなどで）を次々演奏する。
- （鑑賞）毎回異なる名曲を聴いて，カードに知覚・感受を記入する。
- （リズム）教師とリズム模倣を楽しむ。　　　　　　　　　　　　など

2 今日のめあてを教師と児童生徒で確認する

「1　いつも同じ活動からスタートする」と共通する取り組みですが，「今日のめあて」を板書やワークシートの見出しで確認することは，何を学ぶかが明確になり安心して児童生徒が学習に取り組めます。教師が板書やワークシートで提示しながら声に出して伝える場合も，児童生徒が一緒に唱える場合もあります。

学校全体でこの取り組みを行っている学校は多くあります。また，授業の始めにめあてを「今日は〇〇〇について学びます」と唱え，授業の終わりに，「今日は〇〇〇について学びました」と唱えるところまで，学校全体で取り組んでいる学校もあります。

3 始まりのメニューを入口外側に掲示して迎える

　学習内容によって，音楽室の入室時にどのような授業のスタートをするかを伝えたい場合，出入口の外にメッセージを書いておくという方法があります。

〈ドアの見えるところの掲示例〉　　〈出入口外の譜面台に置く例〉

 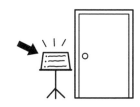

〈始まりメニューの内容例〉

```
○年○組さんへ
1  音楽バッグはワクの中に並べて置き
  ます。
2  4列の体育座りをします。
```

```
○年○組さんへ
1  バッグは机の脇に掛けます。
2  リコーダーを出して静かに待ちます。
```

　床が絨毯の場合，左の例のように机と椅子を用いずに，体育座りをして学習を開始する場合があります。「何の音でしょうクイズ」のように，教師が音源を持って目を閉じている児童の周りを歩いて聴かせるなど，楽しそうです。音楽に合わせて歩いたり動いたりする学習の開始時にも有効です。また，バッグを置くワクをテープや敷物などで示してあることが分かります。

　右は，机と椅子を用いて授業をする場合です。楽器の準備をしているうちに音を出したくなる気持ちをがまんできる掲示です。

　なお，中学校の場合は，教科係が翌日の持ち物等を連絡する仕組みを取り入れている学校が多いため，実態に応じて掲示を取り入れるとよいでしょう。「今日はスタートから合唱隊形です。合唱祭まであと○日！」など。

授業UDの基本的配慮事項

8 時間の見通し，配分の提示

児童生徒が安心し集中して学習できる授業づくりのために，教師の側の時間の見通しと児童生徒への配分の提示の側面から見ていきます。

1 ねらいの提示は速やかに

本時のねらいは授業開始時に速やかに伝えましょう。もちろん何か児童生徒がワクワク興味をもつような導入（たとえば，「これは何に使うものでしょう？」とクイズをして，「実は…」など）をした後にねらいを提示することもあります。そのときも，速やかにねらいを伝えます。

〈クイズの例〉

これは何でしょう？
お菓子ではありません。
石鹸でもありません。

実は松脂です。弦楽器の弓の毛に付けることで音が鳴ります。今日は，弦楽器中心の音楽を聴きます（といって一部演奏できたら素晴らしい）。

2 「いつもの活動」は「いつもの時間」で

音楽の授業の開始時に，発声と既習曲の歌唱や器楽の基礎練習など，いつも行う学習活動を行っている場合は，その「いつもの時間」を大切にしましょう。もし，いつもよりも多いあるいは少ないなどの場合は，理由を伝えましょう（たとえば，「今日の曲は高い音が出るから，いつもより高い音まで発声しましょう」「今日は，音楽を聴く時間を多くとりたいので，リコーダーの基礎練習は音階だけにして，アーティキュレーションの練習は無しにしましょう」など）。

3 思考・判断・表現の力を育むときは余裕をもって

歌唱や器楽の音楽表現の工夫を考えたり，音楽づくりや創作を行ったり，

音楽を聴いてそのよさや美しさを味わって，理由を考え，よさを人に伝えたりなどの思考・判断・表現の力を高める活動はゆとりをもって計画しましょう。
　たとえば「音楽のよさや美しさを10分間話し合って考えをまとめて発表する」というねらいのグループ活動があったとします。10分間たって，「まだ考えを発表できそうもないグループはありますか？」と声をかけ，「はい」と手が上がったときに，「ではあと５分のばしましょう」などのようにねらいが達成できるようにゆとりをもって計画します。

4 児童生徒への分かりやすい配分の提示は重要

　本時の活動の配分を示すことで，見通しをもつことができて安心して学べます。また，１つの活動の時間配分を示すことも重要です。

〈板書あるいは電子黒板での提示例〉

```
今日のねらい：２つの重なる旋律の面白さを味わって歌いましょう
 1　前の時間の振り返りをしましょう
 2　２つの旋律を歌えるようにしましょう
 3　歌いにくいところを練習しましょう
 4　重ねて歌いましょう
 5　どんなところに気をつけるとよいか考えましょう
 6　考えを発表しましょう　　　　← 10分間
 7　みんなの意見を取り入れて歌ってみましょう
 8　今日の振り返りをしましょう
```

6番をグループで行いましょう。時間は10分間です（矢印を貼り，"10分間"を板書する）。

5 授業のまとめでは，学んだ内容の確認が大事

　児童生徒が学んだ内容を教師が言語化することは重要です。終了時刻が迫っても略さず行いましょう（例「２つの重なる旋律で強弱をつけること，お互いに聴き合うことでとても素敵に歌えました。素晴らしい！」など）。

授業UDの基本的配慮事項

9 時間の見通しにタイマーや板書を活用

授業におけるUD化では「指導目標―活動―評価」の整合性が重要です。そして、目標の実現に向かって児童生徒が活動するために、目標や活動の方法とともに、活動時間の見通しが明確であると取り組みやすくなります。その際、視覚的な情報が有効です。ここでは、時間の見通しや配分の提示をタイマーや板書で行う工夫を紹介します。

1 教室内で一斉に音楽活動するとき

　残り時間が視覚的に分かり、終了時刻にアラームが鳴る設定にもできるタイマーがあります。

〈活用例―小学校第4学年：リコーダーの個人練習―〉

「とんび」を歌詞でも、ドレミでも覚えて歌えるようになりましたね。それでは、とんびの鳴き声のところをリコーダーで吹けるようにしましょう。
10分間、個人練習をしてください。
（タイマーを10分間に設定する。）

（10分間、教師は机間指導により、個別の指導を行います。）

この例では，見やすいところに「あと何分練習するか」が分かるタイマーがありますので，児童は「いつまでに，何を」を意識して練習に取り組むことができます。そして，教師は机間指導により，一人一人の児童の習熟の状況を捉え，個別に声掛けをすることができます。楽器の練習をしているとアラームが聞こえないことも多いことに留意してください。

2　異なる場所でグループ別に音楽活動するとき

　合唱の練習をする際に，それぞれのパートが分かれて練習をするような場合があります。そのときには，板書が有効です。

〈活用例―中学校：合唱のパート練習―〉

体ほぐしも発声もよくできました。今日は合唱曲「●●●」の練習記号Dの部分を歌えるようになりましょう。初めからDまでの範唱CDを流すので，自分のパートをよく聴いてください。

それではパート練習に入ります。練習記号Dを歌えるようにしましょう。
（時間と場所を書き，口頭でも説明する。）
※イラストのようにあらかじめ伝える情報をPC内に準備しておき，電子黒板で提示し，強調したいところにマークすると短時間で明確に伝わります。

（10：20になると…）

時間だから，みんな戻ろう～！

　この例では，パート別に異なる場所で学びますので，時間の管理をする責任者をあらかじめ決めておくとよいでしょう。パートリーダーの役目でもよいですし，タイムキーパー役を設けてもよいと思います。児童生徒のタイプによっては，グループにタイムキーパー役で貢献できることが，自信につながることがあります。

Chapter 3　ユニバーサルデザインによる授業づくりの工夫30　指導技術編　61

授業 UD の基本的配慮事項

10 見やすい板書，拡大歌詞などの活用

発した言葉も奏でられた音楽も消えていきます。視覚化できる事柄は積極的に，そして見やすく視覚化しましょう。

1 見やすい板書

　文部科学省生涯学習政策局情報教育課が電子黒板の整備状況を発表しています。2016年3月時点で，電子黒板のある学校の割合は平均78.8％ですが，普通教室の電子黒板整備率は平均21.9％とのことです。音楽室にも整備されつつありますので，もし設置されていたら，積極的に活用しましょう。

〈電子黒板のよさ〉

・事前に板書したい内容をパソコンやタブレットなどに準備しておけます。
・書画カメラにより，児童生徒の作品などを大画面で表示できます。
・静止画も動画も見られます。
・画面に書き込んだり，消したりできます。
・書き込んだ画面を保存することができます。
※パソコンとつながなくても電子黒板に USB メモリーをつないで画面を保存することができるタイプもあります。

〈黒板，ホワイドボード活用のポイント〉

　大きな字で，見やすく，大切な事柄には色を用いて等の留意点に加えて2点ポイントを示します。

・必要な事柄だけ示す

　　前の授業の消し忘れはありませんか？　本時の授業では使わない掲示物が貼ってありませんか？　見直してみましょう。

・磁石やプリントできるマグネットシートを活用する

　　事前に貼ればよいように準備をしておくと，児童生徒を見ながら教材を提示することができますので，おススメです。

62

2 手元にある教材と同じものを拡大

　楽譜や歌詞，ワークシートなどについて説明したり，指示をしたりする場合，児童生徒の手元にある教材と同じものを拡大して投影あるいは掲示しましょう。児童生徒は，説明や指示が理解しやすくなります。

3 楽譜には小節番号を書く習慣を

　小学校，中学校の教科書はほとんど小節番号が書かれていません。長めの器楽曲に書かれている場合もありますが，段の左端の小節にのみ書かれています。ハ長調の読譜を身に付けさせる小学校3年生から全部の小節に番号を書かせ，「○小節から歌いましょう」と小節番号で指示してみましょう。楽譜を見ながら歌ったり演奏したりする力の向上につながります。

それでは，1, 2, 3, 4小節と同じリズムの小節を見つけましょう。

11 楽器の奏法を分かりやすく

指揮や楽器の構えなどは，対面で教師の動作をまねすると，左右逆転になってしまいます。同じような逆転になりやすさが，楽器の奏法の絵や写真でも起こりがちです。楽器の奏法などを分かりやすくする工夫を述べます。

教師に向かい合っている子どもは，正しい指揮の動きの逆を見ていることになる。

1 構え方の画像を後ろから見る

教科書などで楽器の構え方を説明する際，正面から撮影した写真などが掲載されています。慣れない楽器の場合，冒頭の指揮同様に児童生徒は自分自身の体と楽器のイメージをもちにくいことが考えられます。

たとえばこのような写真やイラストです。

教科書などを後ろ向きにもって上からのぞくようにします。すると，自分の体と楽器の関係が分かりやすくなります。箏は楽器に対してどのように座るかが分かりますし，ギターや三味線は左右の手が異なる役割をもっていることがよく分かります。

2 奏法は，児童生徒目線の画像を活用する

たとえば，ギターでコードを弾く学習の場合，ダイヤグラムに加え，右図のような生徒目線の画像を用いると学びやすくなります。

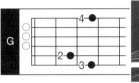

3 箏などの範奏を児童生徒目線で見せる

教師による範奏は生徒にとって，このように演奏できるようになるという見通しをもちやすく，意欲が高まるため積極的に行いましょう。箏の場合は正面から見るより，上から見た方が分かりやすいので，ビデオカメラと電子黒板を

つなぎ，演奏の様子を見られるようにするとたいへん効果的です。上から映像を撮る仕組み（グースネック式書画カメラなど）がなければ，あらかじめ他の教師に撮影の協力をしていただき，再生するとよいでしょう。

4 リコーダーの運指表はよく使う音と境界線を目立たせる（中学校）

中学校で使用する器楽の教科書は，27音のリコーダーの運指が掲載されています。楽譜を見慣れない生徒には情報が多いので，よく使う音符を目立たせておくとよいでしょう。そして，右手と左手の境目を太くすると運指が見やすくなります。例示します。

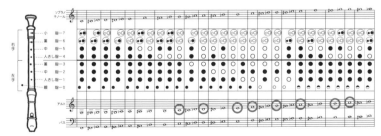

UD化された授業

12 ねらい・活動・評価を整合させる

　目標があり，それに見合った学習活動があり，学習活動のプロセスや成果を見取って次につなげる。これは基本中の基本，当たり前のことと思われるでしょう。しかし音楽では，この三者のしっかりした整合性がとりにくいのではないでしょうか。

　その理由は，音楽科の学習活動が主に「音楽活動」だからです。歌ったり楽器を鳴らしたりの音出し活動では，ねらいとは必ずしも対応しない活動にぶれていきやすいです。多様な児童生徒がいれば，個人差が目立って出てくる。その結果，限られた時間内で一人一人を見取り，対応することが至難になってしまいます。

　UDのためには，一度思い切って発想を変えて，とにかく「ねらい，活動，評価が整合する」ように計画し，実践してみてください。授業の一部分だけでも，しっかりと三者を整合させてみてください。何が必要なのかが明確になり，そこから，他の部分のUD化の考え方が分かっていきます。

1 ねらいの焦点化

　たとえば小学校では，歌うことから授業を始めることが少なくありません。たいてい直近の既習曲，歌集から好んで選ばれた曲などでしょう。漫然と歌うのをやめ，ねらいは何かをよく考えます。この活動での指導内容を焦点化するのです。仮に「はじめの一歩」（新沢としひこ作詞／中川ひろたか作曲）を歌うとすると，広い意味での歌唱力につながる小さなねらいはいくつか考えられます。「どのような声で歌うのがよいか考えて歌う」「歌詞の1フレーズが4小節にわたっているので，途中でブツ切れにならないよう工夫する」「リフレイン♪はじめの一歩，あしたに一歩♪のよさを味わって歌い方を工夫する」などです。「どれも大事なので，その場に応じてどれも指導する（かもしれない）」という状態になっていませんか？

　発想を変えて，今日のこの10〜15分は「これだけ」とあえて焦点化，あ

66

えてそれ以外のことは扱わないようにしてみましょう。その焦点化されたねらいに応じて，準備の仕方，準備するもの，指示の出し方などが変わります。そのねらいを全員が達成するために，どのように配慮して何を準備したらよいのでしょうか。「ねらい」に応じた児童一人一人の学びを，見取れそうでしょうか。これを考えて実践に移すことが，UD化の作業です。

2 ねらいに応じた準備

ねらいを，はっきりと焦点化しておき，それに見合った活動をしてブレがなければ,児童生徒の学びは見取れます。座席表などを活用し（→82ページ）その場で問題を記録しましょう。

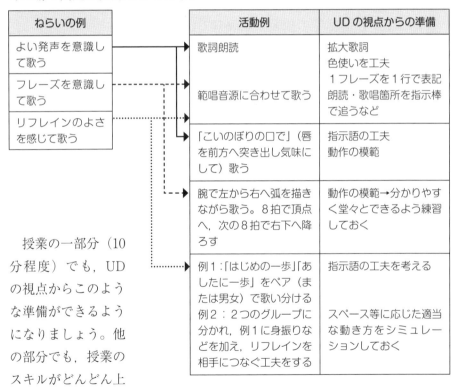

ねらいの例	活動例	UDの視点からの準備
よい発声を意識して歌う	歌詞朗読	拡大歌詞 色使いを工夫 1フレーズを1行で表記 朗読・歌唱箇所を指示棒で追うなど
フレーズを意識して歌う	範唱音源に合わせて歌う	
リフレインのよさを感じて歌う	「こいのぼりの口で」（唇を前方へ突き出し気味にして）歌う	指示語の工夫 動作の模範
	腕で左から右へ弧を描きながら歌う。8拍で頂点へ，次の8拍で右下へ降ろす	動作の模範→分かりやすく堂々とできるよう練習しておく
	例1:「はじめの一歩」「あしたに一歩」をペア（または男女）で歌い分ける 例2：2つのグループに分かれ，例1に身振りなどを加え，リフレインを相手につなぐ工夫をする	指示語の工夫を考える スペース等に応じた適当な動き方をシミュレーションしておく

授業の一部分（10分程度）でも，UDの視点からこのような準備ができるようになりましょう。他の部分でも，授業のスキルがどんどん上がります。

13 活動を連ねる方式の授業の考え方

> ねらい（目標）・活動・評価の三者が整合した学習活動の計画を立てることは，UD化のために何が必要かを，自分の授業に即して深く考えることです。
>
> 　これを実践しようとすると，「必ずクリアする」ことがらを焦点化する必要に迫られます。あまり絞り込むと，指導できる内容が狭められないかとの不安をもたれそうですが，心配無用です。焦点化された目標・その達成に適した活動・学びの見取り，その三者が整合した「小さい学習のまとまり」を，次々と連ねればよいのです。

1 小学校低学年の授業の組み立て例
—活動のまとまりごとに，ねらいの焦点化を徹底して

　低学年では，1つのことに集中できる時間は10〜15分です。45分の授業の中に，いくつかタイプの異なる活動のまとまりを連ねましょう。この方式は，「ねらい・活動・評価」をセットにして計画するのに適しています。「UD化されたミニ授業」です。たとえば下図のような組み立てをします。(1)歌唱については前ページを参照してください。

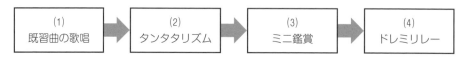

　ここでは(2)を取り上げます。今日のこの時間は，たとえばタン（♩）とタタ（♫）を「拍にのって言える／打てる」をねらいとして焦点化します。このねらいであるならば，①タンとタタ以外のリズムは混ぜない　②音符や記号を目で追わせない　ように活動を組み立てます。先生の打ったリズムをまねっこで打つのもよいですし，タンとタタのシラブルに置き換えて言うのもよいでしょう。既習の「うみ」「たなばた」などはタンとタタから成る曲です。歌詞の代わりに，タンとタタで歌えるでしょうか。たとえば「うみ」を，タ

ンとタタで手拍子しながら歌ってみましょう。

そして，見取りは？ 「起立して行い，1度も間違えなかったら座る」「ペアで行い，2人とも間違えなかったら座る」「席のまとまりグループで2小節ずつリレーしていく」などの方法を採ると一人一人を見取れます。

2 中学校1年生対象創作の例—授業の一部分ごとに丁寧な配慮を

Chapter 4に，中学校1年生で「ロンド形式の音楽をつくる」授業案例（120〜123ページ）があります。手拍子・足拍子の音色の違いを生かしてリズムパターンを組み合わせ，創作するものです。初めの方でリズムパターンの譜を読みますが，この部分のねらいは，既習事項を組み合わせたリズムを，音楽的に連なったパターンとして知覚し体得することです。目で音符を追うことが非常に苦手，体の事情で拍にのりにくい，などの場合が想定されるので，UDの視点から別の選択肢を用意し，生徒が選べるようにしておきます。たとえば

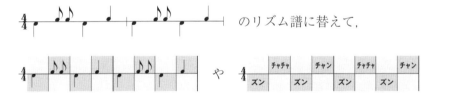

を使えば，学びやすくなります。これらの使用で，ねらいは達成されます。そして学びの見取りも，先生の観察とワークシートでうまくいくでしょう。

3 学年によらず基本は同じ

このように学年にかかわらず，目標—活動—評価までをセットにした学習のまとまりを連ねるよう心がけて，授業づくりをしてください。

そして大事なのは「間違えちゃった！」「まだうまくできていない」を安心して表明できる学習の場づくりです。そのためには，時には先生が失敗してみせる演技なども，大変重要です！ 果敢にやってみてください。

14 活動のねらい＝めあてを児童生徒が理解してこそ

　ここでは，学習者の側に立場を移してUD化された授業の重要ポイントを挙げます。前項2つと表裏一体ですが，「学習者自身が，取り組む活動の目標を理解している」ということです。ここでの目標とは，授業における個々の活動の「めあて」です。低学年ではまだ難しい場合もありますが，不可能ではありません。幼いからと，本人が学びのめあてを自覚することを軽視しないで大切にしましょう。

　プロの俳優さんなどは自分に合った方法を工夫して頑張ります。

私，セリフはお風呂の中か，犬と散歩しながら覚えるんです。

台本を読む時は，カフェに行ったり音楽を聴いたり寝転んだり… じっとしているとイメージが広がりにくいのです。

　自分のめあてが明確なら，そのために多様な方法を探して実践することは，「えらい！」と称賛されます。

1　パート練習（グループ活動）をきっかけに ―高学年以上の場合

　学校では，みんなが一律に釘づけにされなければいけないのでしょうか？いいえ，児童生徒が自由に図書室，学習室，教室を行き来し，1人で／ペアで／グループで，課題に取り組んでいる授業もあります。音楽でも，合唱のパート練習などは，一人一人が活動のめあてを理解してうまくいくことが多いでしょう。パート練習がグループでできるクラスなら，自由度があり，「方向としてめあてに向かえていればよい」というメッセージのもとで活動させ

てもらえる時間帯を，もっと増やしても大丈夫なはずです。

2 活動ごとにめあて（この時間の目標）を伝える

　児童生徒がその時間のめあてを，しっかりと理解するためには，当然です
がそれを伝えてほしいのです。方法としては，①言葉で口に出して伝える
②見やすく板書したり，映し出したりして，視覚にうったえる　これらを両
方行うようにします（→96ページ）。音楽室では，譜面台を利用し，メニュ
ーのようにめあてを載せて提示する方法なども，児童生徒に人気があります。

3 クイズ形式などを巧みに利用

　鑑賞の活動では,何ができるようになればよいかが児童生徒には抽象的で,
分かりにくいことが多いです。「音の重なり」「音色の違い」の聴き取りなど
と言っても，相当の手立てをもらわない限り，やはりつかみにくいでしょう。
そこで，差し当たりのめあてとして，クイズに正答することや，ワークシー
トの問題設定に答えて記入することなどを設定し，それを通じて大きな目標
に導くのが効果的です。作曲家や楽器に関することはもちろん，よく聴きと
ることをねらった設問（このメロディーは何回出てきたか，いくつの楽器が
鳴っているか，この音を出す楽器の写真はどれか，など）を用意するのは少
し大変かもしれませんが，クイズ的なゲームは，常におススメです。

4 シールやスタンプの適切な活用

　リコーダーや読譜がステップアップしたら「シールやスタンプをゲッ
ト！」。これも本質をはずれてはいますが，この手の収集が好きな児童生徒
もいます。モティベーションは非常に大切な問題なので，めあてとして，上
手に活用することができます。

Chapter 3　ユニバーサルデザインによる授業づくりの工夫30　指導技術編　71

15 今，何をすればよいかが分かるように

　宿題をしてこない児童生徒，個人練習の時間や曲の紹介文を書く時間に何もしない児童生徒に，心当たりがあることでしょう。このような人は「宿題／楽器の練習／紹介文」などのめあてが分かっていても，今どのように動いて着手するか分かっていません。方向としてのめあて自体も，いろいろな理由で理解できていないことがあります。
　UD 的には，まずめあての理解を助けること，そして，授業のように限定された時間内で意義のある活動を行うためには，今何をすればよいかを「具体的に」伝えられるような準備が，たいへん大切です。

1　聴覚から　視覚から

　何を言われているか分からない・何をしてよいか分からない，という状態で，とにかく教室に座っていなければならないとしたら，これは本当につらい状況だと思います。最近は外国籍の児童生徒も多く，何が分からないのか，うまく表現できない様子も見られます。

　本書の中で繰り返し述べていますが，音楽の得意な先生は特に，情報を視覚化して伝えるように留意してほしいと思います。①②を組み合わせましょう。

　①はっきりと明確な発音で，区切りも意識しながら指示を出す。
　②同じ指示を，板書，映像，カード（充分大きいもの）などで
　　選択肢１：文字情報として示す。
　　選択肢２：イラストや写真などで図示する。

2 簡潔な1回1指示

　指示は1回に1つのこと，が基本です。分かりやすく最小限の指示を心がけます。以下は，ある学級で自分たちの合唱を録音するのに際して，音楽係の児童が出していた指示の例です。

　　　立ちましょう

→　両手は後ろで軽く組みましょう

→　両足は床のタイル1枚の幅にしましょう

→　黒板に貼ってあるハートマークを見ましょう

　先生は小声で児童をほめながら机間を回っていました。とてもよい例です。

3 ワークシートの活用

　冒頭に書いた個別練習や，曲の紹介文の作成などに関しては，すべきことの全体像を容易につかむ人もいれば，スモールステップを設定してもらったり，できたこと／できていないことを確かめるのに助力が必要だったりする人もいて，個人差が大きいです。しかし，プロセスはどうあれ，所定の課題がクリアできればよいのです。そのためには，少しの方向づけや手順のガイドが，大きな効果をもたらします。「ここを考える」→「次にこうする」というふうに誰かに助けてもらってもよいわけです。

　高学年以降の学びでは，ワークシートがこの助っ人の役割を大いに果たします。次の項で，そのような助けとなるワークシート作成について改めて述べていますので，参考にしてください。

4 友達のサポートは重要

　今行うべき「具体的な」行動が分からなくなったら，それを安心して表現できる環境は，本当に何より大切です。先生とのコミュニケーションに加え，ペアやグループでサポートし合えるように，適切なグループづくり，座席順にも配慮しましょう。

Chapter 3　ユニバーサルデザインによる授業づくりの工夫30　指導技術編　**73**

UD化された授業

16 思考のガイドとしてのワークシート

　　ここでは，学びのガイドそのものとして機能するワークシートを取り上げます。唐突ですが，食事の支度を例に考えてみましょう。一定の時刻までにご飯が炊きあがるようにセットし，お味噌汁やおかずを作ります。お湯をわかしながら野菜を刻んだり，魚を焼きながらお膳立てをしたりします。つまり，食事を作るという目標はずっと念頭に置きながら，そこに至るいくつかの作業を，段取りを考え，ある部分は同時進行で進めます。材料が少し足りなかったら軌道修正もします。済んだことは頭から追い出すのも，実は大切なことです！

　　このような力（ワーキングメモリーと呼ばれます）の発達には，大きな個人差があり，このことへの配慮は授業UDの中核部分です。なぜなら「今は何を考えればよいか」，「次にどの作業をすればよいか」のガイドがあれば，弱い部分があっても大概は目標を達成することができるからです。いわゆるスモールステップとは，「適切に区切られた」段取りのことで，思考ガイドとしてのワークシートには欠かせない要素です。

1 言葉に旋律をつける活動を例に

　　右ページのワークシートは中学校1年生が，小林一茶の俳句に，ドレミソラ（ヨナ抜き音階）の音で童謡ふうの旋律をつける活動の，前半部分のためのものです。言葉の抑揚という概念自体が，よく理解できない生徒がいるので，この部分は教師が主導して例を示し，一緒に少し練習をします。身振りも交えて，高い低いをしっかり表してみせます。生徒が手を動かして記入することになるので，机間指導で理解度を見取っていくことができます。

　　別紙に，小林一茶の俳句（動物や虫や植物を読み込んだものがいくつもあります）5句を選んで，見やすくプリントしておきます。②からはグループ活動にして，俳句を選び，句に用いられている言葉の抑揚を考えて記入します。④から⑤は，句に対するイメージを，グループの協力の中で深めること

74

になります。1時間目はこの辺りまで，かもしれません。

2 ワークシートの実際例

こんなふうに生徒の思考活動を丁寧にガイドし，学びのプロセスを見取るためにも，効果的なワークシートづくりを常に心がけましょう。

---

① 話し言葉の「抑揚（よくよう）」をとらえ，一緒に記入しましょう。

例：「さかいめぐみ」の場合，下のように抑揚をつけると自然です。

高	さ				ぐ	み
低		か	い	め		

以下は一緒に考えましょう。

一緒に記入

アイス，食べたい。

あいつの度胸，うらやましいぜ。※「度胸」は「ど」「きょ」「う」で3マス使います。

※抑揚をとらえるには口を閉じて「んんん〜」と声を出すと分かりやすいので試してみましょう。

② 別紙に載せた俳句①〜⑤の中から，グループで気に入ったものを1つ選びましょう。　　　　　　　　　　俳句は（　　）番　できたらチェック☐

③ 選んだ俳句をグループで音読し，協力して，抑揚（よくよう）を高低表に記入しましょう。　　　　　　　　　　　　　　　　　　できたらチェック☐

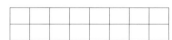

④ 上の高低表を見ながら，グループで声を合わせ，ゆっくりと抑揚を強調しながら，最低5回読みましょう。　　できたらチェック　☐　☐　☐　☐　☐

⑤ 旋律をつけたとき，一番はっきりと伝えたい言葉や部分を選び，③の表にマーカーで色をつけましょう。　　　　　　　　　　　　できたらチェック☐

17 理解や習熟を深める動作化

> 国語科や道徳科などで，たとえば登場人物の心情を実感するためにセリフを読むだけでなく，動作をしながら言うことが効果的なことがあります。ここでは，音楽科ならではの理解や習熟を深める動作や体験を紹介します。

1 拍の流れを味わえる動き

音楽を聴きながら歩くことは，拍の流れや拍子感を味わい，音楽の変化を感じるのを助けます。また，歌詞のある音楽は情景を思い描きやすいので，「春の小川」や「花」などを歩きながら聴いたり歌ったりすると，まるで散歩をしているかのようなイメージが豊かに浮かびます。試してみてください。

2 音の高さを実感するための動き

小学校低学年から，音の高さと体の動きを関わらせると，音が高くなって音楽が盛り上がることを実感しやすくなります。また，中学年以降に五線譜を読むときに，音の高さと音符の位置が分かりやすくなるというよさもあります。階名で歌えるようになった歌を図のような動きをつけて歌ったり，教師がドレミを歌いながら動き，児童がまねっこしたりするなども楽しく取り組めます。

また，音楽を聴いたり歌ったりしながら，音符のたまをなぞる活動も音の高さを実感できる動きです。小・中学生いずれの学年でも効果的です。

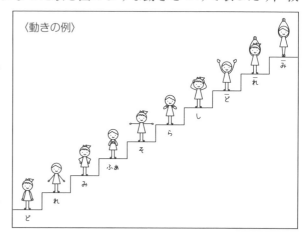
〈動きの例〉

3　フレーズを実感するための動き

音楽のまとまりを感じるよさを実感するために，フレーズが続いている間，手で弧を描くように動くのは効果的です。

2で紹介した音符のたまをなぞる活動もフレーズの実感につながります。

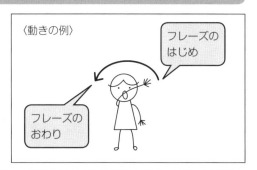

4　強弱を実感するための動き

おススメは指揮体験です。強いところは大きく，弱いところは小さく振る経験をすると，音楽の聴き方が深まり，音楽表現が豊かになることにつながります。

また，1で紹介した，音楽を聴きながら歩く動きで，強い音のときは歩幅や手の振りを大きく，小さい音のときは小さくなども強弱が実感できます。

5　鑑賞で役立つ動きや体験

音楽を聴く学習の中に，特徴的な旋律やリズムを動いたり体験したりしておくと，音楽の構造を捉えて聴く力を高めることにつながります。

〈動きや体験の例〉

♪ルロイ・アンダーソン作曲「シンコペーテッド・クロック」を聴くときに，チクタク鳴るところでウッドブロックを叩くまねをしたり，目覚まし時計の音でトライアングルを鳴らすまねをしたりします。

♪モーリス・ラヴェル作曲「ボレロ」を聴く前に，スネアドラムの特徴的なリズムを机で叩いたり，交互に現れる2つの旋律を口ずさんだりリコーダーで試したりします。これらの体験後にあらためて曲を聴くことで，特徴が捉えやすくなります。

UD化された授業

18 演奏では全員が役割を

UD化された授業の第一段階は，全員が参加できることです。したがっ
て，児童生徒が楽しく参加できる手立てを講じることには大きな価値があ
ります。

音楽は学校でも「少し」教えられていますが，学校では通常教えられて
いない音楽の世界は際限なく多様に広がっています。それらの大半は，個
人個人の表現や技術以前に「参加する音楽」なのですね。複数人が音を使
って互いの関係をつくったり，音を出して場を共有したりすることです。
また，達人と初心者が混ざっていて当然，と考えられていることも多いの
です。

ここでは「UDの第一歩」の視点から，音楽への参加とは何か，そして
参加を促すための教材料理法の基本を述べます。

1 音楽に参加するとは

幼児は，年長児の遊びがまだできなくても，気持ちの上では完全に参加し
て学びます。たとえばジャンケン遊びの場合なら，「タケノコ芽出した，花
咲きゃ開いた，……」の部分は口も回らず，年長児のスピードにもついてい
けませんが，「えっさ，えっさ，えっさっさ！」の最後のところでは「チャ！」
などと叫びながら手を振り下ろしてきます。心理的にはしっかりと遊びに参
加しているし，歌の進み方も頭に入っているのです。音楽への参加とは基本
的にこのような気持ちの在り方でしょう。合奏の最中，ふらっと離席するけ
れども，然るべきところで戻り，適切なタイミングで太鼓などを打つ児童が
いました。この児童も心理的には完全に参加しています。担当の先生はさり
げなく役割を与え，学級の仲間もそれを認めていました。

鳴り響く音をシェアできることは音楽科に特有であり，しかもUDに生か
すことのできる面です。合唱や合奏では技能面で差があっても，それぞれ楽
しく参加する道が見つかるからです。演奏への全員参加を上記の先生のよう

に大らかに促し，そのような場合は，でき映えのよさが目標ではないことを自覚しておきましょう。

2 教材の料理法例

(1)とにかくリズム楽器を入れる

　歌や旋律楽器の演奏のとき，参加の難しい人にはリズム楽器（音量の強すぎない打楽器）を入れる役割をふります。カスタネット，タンブリン，オープン／クローズ奏法を組み合わせたトライアングルは使いでがあります。音楽室ならボンゴ，コンガ，カホン，ハイハットシンバルなど，先生のような立ち位置で，友達と顔を見合わせることができるものがよいでしょう。リズムは，先生は少し例を示す程度でよく，「音楽に合わせて打ちましょうね」と指示をすれば，ほとんどの場合，自分で考えられます。

(2)シング・アロングの部分を取り入れる

　「こげよマイケル」というゴスペルでは，リーダーが1フレーズ歌うと，みんなが「♪ハレルーヤ」と応答します。このようにみんなが声を合わせ，反復して歌うのがシング・アロングです。簡単な振りをつけるのも手です。プロのミュージシャンも，ライブのときには，聴衆の参加を促すため，シング・アロング部分をつくっています。たいていは，「ラーラララー」や「ワッワッワワー」など歌いやすい節回しです。こうしたアイディアを生かし，歌唱曲などに，上手に「合いの手」や，楽譜にはなくても何回か反復する部分を入れるように促すと，参加に前向きになれる場合が多いです。

　どんな曲にどのように入れるかは，音楽の専門的な視点から少し助言が必要かもしれません。自信がなかったら，専門知識のある人に相談しましょう。

_____ UD 化された授業

19 学習形態の工夫（一斉，個人，ペア，グループ）

授業における UD 化では「指導目標—活動—評価」の整合性が重要です。活動では，さまざまな学習形態を工夫することで，目標の実現がしやすくなります。ここでは，「思考力・判断力・表現力」を育成する言語活動を充実させる観点から，さまざまな学習形態の工夫について述べます。

1 一斉学習

　学校ならではの学習形態です。鑑賞の学習を例にすると，音楽を形づくっている要素を知覚・感受しているよい感想を児童生徒が学級内で発言したとします。そのよい発言を教師が価値づけることで，他の児童生徒がその音楽の特徴やよさに気づき，「そのような捉え方もあるのだ。面白い」と思うなどにより，指導目標の実現に近づきます。その際，机間指導をして，よい感想をあらかじめ捉えておき，意図的指名をして，学習内容を深めるのもよい方法です。

2 個人学習

　言語活動を充実させるには，いきなりペア学習やグループ学習にするのではなく，個々の児童生徒がまず自分の考えを言語化することが重要です。ワークシートなどを用いて，たとえば上記のような鑑賞の学習ばかりでなく，「この曲をさらに豊かに歌うために，どのような工夫ができるか，楽譜を手掛かりに考えてみましょう」や「合わせて演奏するときに，どのような点に気をつけると，きれいな演奏になるか，３点考えてみましょう」などのように表現の学習でも取り入れましょう。自分の考えをもつためにたいへん重要です。

3 ペア学習

　歌唱や器楽で声や音，姿勢，音楽表現の工夫などを聴き合って相互評価する場合や，箏を2人で1面用いるなどの場合によく行われます。音楽表現は児童生徒によって知識・技能の差がありますので，「お互いにアドバイスしましょう」という関わりですと，うまくいかないペアが出ることがあります。ポイントをしぼって，「いいとこ見つけ」を言語化するとうまくいきます。たとえば，「音色と姿勢について，いいとこ見つけをして言葉で伝えましょう」などはいかがでしょうか。

4 グループ学習

　数名で行うグループ学習は一斉学習で発言しにくい児童生徒もくつろいだ雰囲気の中で，発言しやすくなります。そのため，歌唱，器楽，音楽づくり・創作，鑑賞のいずれの学習でも有効な学習形態です。

　大切なことは，グループでどのような学習活動をするかを明確にすることです。領域・分野別に一例を挙げます。「（合唱）36小節までで一番人に伝えたいところをパートで見つけましょう。そして，それが伝わるようにパートで練習しましょう」「（リコーダー）曲の雰囲気にあったアーティキュレーションの工夫をしてみましょう。グループで相談がまとまったら，練習して吹けるようにしましょう」「（音楽づくり・創作）今日は絵に合う音楽をグループで協力してつくります。ここに用意した絵があるので，グループで相談して，音がイメージできそうな絵を選びましょう」「（鑑賞）今聴いた音楽はどのようなイメージでしたか。グループで意見交換をしましょう。どのような意見が出たか，後で発表してもらいます」など。

　いずれも事前に自分の考えをもつ時間をとることが大切です。そして，児童生徒が自分の意見を発表し，他の人たちの意見を受け止めるために，ゆとりをもった時間設定をしましょう。

Chapter 3　ユニバーサルデザインによる授業づくりの工夫30　指導技術編　**81**

UD 化された授業

20 座席表を活用した評価記録

児童生徒の学びの状況を授業時間内に捉える方法の1つとして，座席表を用いて評価の記録をする方法があります。出席番号順の評価記録用紙と一人一人の児童生徒を照らし合わせるよりも，座席表を評価記録用紙とする方がその場で記録しやすいと思います。

1 座席表に評価項目も入れておく

国立教育政策研究所が平成23年11月に発行した「評価規準の作成，評価方法等の工夫改善のための参考資料（中学校　音楽）」では，箏の技能を捉えるための教師用チェックリストが紹介されています。

〈教師用チェックリスト〉

チェック項目	姿勢	弾き方	気付き	チェック項目	姿勢	弾き方	気付き
氏名1				氏名16	✓	✓	
氏名2		←	弦にうまく当たらない	氏名17	✓		
氏名3	✓	✓		氏名18		←	座る向きを正しく

※チェックの仕方
よくできている（例：箏にふさわしい，しっかりとした音を鳴らしている　など）…✓とチェックする。
おおむねできている ……… 空欄とする。
改善する必要がある ……… 気付きの欄に，つまずいている点などを端的に書く。

（出典：国立教育政策研究所「評価規準の作成，評価方法等の工夫改善のための参考資料（中学校　音楽）」平成23年11月）

これを座席表で行えば，生徒に助言しながら無理なく記入することができます。

2 複数回使う場合は，色を変えて記入するとよい

国立教育政策研究所の資料のように✓を付ける場合，たとえば1回目は赤で，2回目は青で記入するなどすると全体の伸び方が分かります。また，個々の生徒に対しては，前回よりよくなったところをほめることができます。

82

3 座席表を用いた評価用紙例

　左記のチェックリストを，座席表を活用した評価記録用紙にした例です。箏1面を2名が交替しながら使用している想定です。

（吹き出し）○○さん，先週よりとても姿勢がよくなっていますね。

36番 ○○○○○	35番 ○○○○○	34番 ○○○○○	33番 ○○○○○	32番 ○○○○○	31番 ○○○○○
姿勢　弾き方	姿勢　弾き方	姿勢　弾き方	姿勢　弾き方	姿勢　弾き方	姿勢　弾き方
気付き	気付き	気付き	気付き	気付き	気付き

30番 ○○○○○	29番 ○○○○○	28番 ○○○○○	27番 ○○○○○	26番 ○○○○○	25番 ○○○○○
姿勢　弾き方	姿勢　弾き方	姿勢　弾き方	姿勢　弾き方	姿勢　弾き方	姿勢　弾き方
気付き	気付き	気付き	気付き	気付き	気付き

24番 ○○○○○	23番 ○○○○○	22番 ○○○○○	21番 ○○○○○	20番 ○○○○○	19番 ○○○○○
姿勢　弾き方	姿勢　弾き方	姿勢　弾き方	姿勢　弾き方	姿勢　弾き方	姿勢　弾き方
気付き	気付き	気付き	気付き	気付き	気付き

18番 ○○○○○	17番 ○○○○○	16番 ○○○○○	15番 ○○○○○	14番 ○○○○○	13番 ○○○○○
姿勢　弾き方	姿勢　弾き方	姿勢　弾き方	姿勢　弾き方	姿勢　弾き方	姿勢　弾き方
気付き	気付き	気付き	気付き	気付き	気付き

12番 ○○○○○	11番 ○○○○○	10番 ○○○○○	9番 ○○○○○	8番 ○○○○○	7番 ○○○○○
姿勢　弾き方	姿勢　弾き方	姿勢　弾き方	姿勢　弾き方	姿勢　弾き方	姿勢　弾き方
気付き	気付き	気付き	気付き	気付き	気付き

6番 ○○○○○	5番 ○○○○○	4番 ○○○○○	3番 ○○○○○	2番 ○○○○○	1番 ○○○○○
姿勢　弾き方	姿勢　弾き方	姿勢　弾き方	姿勢　弾き方	姿勢　弾き方	姿勢　弾き方
気付き	気付き	気付き	気付き	気付き	気付き

4 出席番号も付けておくと総括する場合に転記しやすい

　上記は出席番号順に並んで学んでいる例ですが，箏経験者と未経験者をペアにするなど，番号順ではないことも多くあります。成績に総括するために行う評価の場合は，出席番号順の一覧に転記する必要が出てきますので，座席表の評価用紙には出席番号も記載しておくと便利です。

21 進度の差に応じたプリント等の準備

児童生徒が安心して学ぶには，分からないことを分からないと言えることや，自分に合った教材を教師が示してくれることはとても大切です。ここでは，進度の差が出やすい器楽について対応例を述べます。

1 個別指導の中で，進度や課題を捉える

　まず，一人一人の進度や課題を捉えましょう。運指，タンギング，体の使い方，読譜など，取り組みにくさの原因を見つけます。取り組みにくそうな児童生徒には，状況に応じた声掛けをします。声掛け例です。

（鍵盤ハーモニカやリコーダー）指が大きく動きすぎているので，もっと小さく動かしましょう。

よくできています。小さく動かすとやりやすいでしょう？

（鍵盤ハーモニカやリコーダー）体に力が入りすぎているので，一度肩をグーッと上げて，ハイ，ストン！　リラックスして吹きましょう。

指が動かしやすくなりましたね。

　個別指導の方法としては，前ページにあるように座席表を活用した机間指導の方法の他，立ち歩きを安全で円滑に行えるクラスでしたら，教師のところに１人ずつ呼ぶ方法も効果的です。

個別に呼ぶ場合は動線が分かるように

2 進度の速い児童生徒の役割

　個別指導の中で，進みの速い児童生徒も把握しておきます。場合によっては，「ミニ先生」「リトルティーチャー」などとして，他の児童生徒が質問で

きるような役割を担ってもらいましょう。

3 同じ教材の中で，必ず取り組むところとチャレンジ！を示す

　リコーダーなどで2部合奏をする場合，たとえば全員上のパートを演奏できるようにすることを目標とし，「上のパートができた人は下のパートにもチャレンジしましょう」というように，同じ時間内で，個に応じた目標に向かうと取り組みやすくなります。

　ギターはコードチェンジがかなり難しいです。たとえば「本時は流れの中で，1つのコードを弾けるようにする」ことを目標にした場合，下記の教材ですと，クラスを旋律担当（歌やリコーダー），ギター担当に分け，ギター担当には，「CとG₇を弾けるようにします」「通しの演奏ではどちらかだけ弾きましょう」「チャレンジとしてコードチェンジをして演奏しましょう」「さらにハイレベルチャレンジとしてギターを弾きながら歌いましょう」などが行えます。旋律担当とギター担当は交替しながら学習します。ハイレベルチャレンジを達成した生徒はリトルティーチャーとして活躍できます。

「メリーさんの羊」

4 お助け楽譜などを用意する

(1) 固定ドのドレミなどを書いた楽譜

　読譜が苦手で，ドレミなどが書かれてあると助かるという児童生徒のために，音符の下にドレミなどを書いた楽譜を用意します。あらかじめ授業の前に渡して練習するよう促します。

(2) 形象色音符の楽譜

　視覚認知に問題があり読譜が困難で，101，103ページのフィギャーノート等を使用することで取り組みやすくなる児童生徒がいる場合，学校予算で必要な楽譜を用意して，貸し出せるようにしたいものです。

UD 化された授業（自己モニターの習慣づけ）

22 取り組み姿勢の振り返り，立て直し

> ここのテーマは「自分を上手にコントロールして，しっかり学べるように
> しましょう」ということです。何をするかといえば，授業内で，自分の
> 学習への取り組みについて振り返る時間をとるのです。
>
> 時間が足りなくて無理？　もっともな声ですが，長期的に見れば必ず児
> 童生徒のためになるでしょう。着手してください。

1 取り組み姿勢の振り返りシート

児童生徒が自己モニターの習慣をつけるように導くものです。

授業の終わり，場合によっては途中でもよいので，下に示すような振り返
りシートに記入をさせます。「今日のスペシャル・ルール！」などとして授
業の最初に約束を設け，それとセットにして授業の最後に記入させるのが最
もよいでしょう。「あなたの中に，あなたの態度を見ているリーダーがいる。
リーダーの立場で考えられるのは成長の証拠だね」というメッセージをしっ
かりと伝えながら，たとえばこのような表を使って振り返りを促します。

キミの中にいるキミのリーダーの考え

きょう、キミのたいどは？

おしゃべりをしてよい時間としゃべってはいけない時間のけじめを、しっかりつけている。	☺	😐	😟
グループの話し合いで、友だちの話をよくきいた。	☺	😐	😟
グループの話し合いで、自分の考えを友だちに言えた。	☺	😐	😟

□エライ！よくやっているよ。　□いいセンだ、がんばろう！　□う〜ん。次回はがんばれ！

86

2 聴く自分・歌う自分への振り返り

　授業内での自分の取り組み姿勢を振り返り，自分をコントロールできるように促す方略です。範唱や範奏を聴いたり，友達の演奏を聴いたりするときのマナーは先生が教えるべきことですが，「聴き方名人」は，児童生徒にそれを守れたか，の自省を促します。どのような姿勢で聴いたかを，振り返るのです。52ページ（5項）で，聴く学習にふれたので，参考にしてください。

　歌唱の活動でも，自分の取り組み方への振り返りに時間をとるとよいでしょう。先生にとっては，児童生徒の学びの見取りにもたいへん役に立ちます。

聴き方名人かな？				
音を立てず静かに聴いた	◎	○	△	×
演奏者を見ながら聴いた	◎	○	△	×
心の中で応援しながら聴いた	◎	○	△	×
私／僕は聴き方名人だ	◎	○	△	×

今日，歌への取り組みは？			
伴奏を，一生懸命聴こうとしていた	◎	○	△
今日の目標（フレーズを一息で）に向かって頑張った	◎	○	△
歌うときの「いい顔」を心がけた	◎	○	△

3 気持ちの立て直し

　集中力を立て直すためには，授業内で一息入れることもあってよいのです。もちろん状況判断は必要ですが，楽器の練習などで騒然となってしまったときや，逆に少しだれてきたとき，その後の切り替えに効果があります。知覚過敏などで特に休憩タイムが必要な児童生徒もいるので，配慮しましょう。一般的には，先生と一緒に，伸びをする／深呼吸する／首回しをするなど，また「1分間休憩タイム」の設定もありです。呼吸アプリを画面に出して視覚で捉えながら，1分間くらい深呼吸するのもおススメです。

Chapter 3　ユニバーサルデザインによる授業づくりの工夫30　指導技術編　**87**

UD 化された授業（自己モニターの習慣づけ）

23 学習の道筋の理解と振り返り

22に続き児童生徒の自己モニターに関することです。自分の学びの道筋についてモニターすることが目的です。授業で学んでいることの流れと自分の取り組み方を，1つ上の次元から見る（メタ認知の）意味合いがあるので，小学生なら中学年以上でしょう。

通常は同じ1枚のワークシートの中に，児童生徒の思考を導く部分と，「今日の授業は，頑張って取り組めましたか？」のような質問とが，両方設けられているようです。発想を転換して，題材の流れ全体の中で，児童生徒が自分の学びについて自己評価と振り返りができる時間を提供します。特に，「まだできていない」ことを当然として，「どのくらいのところに来たかな」を考える機会をつくることに意味があります。

1 発表の目標があるときはチャンス

以下は小学校4年生を対象としたものですが，本番を山の頂上にして，練習の見通しとともに，どれくらいできたかな，をモニターするシートです。

オーラリー　　音楽集会での発表まで			
	計　画	今日の自分	先生から
6/18	本　番！		
6/15	2組さんと合同で、リハーサル！	バッチリ もう少し イマイチ	今日はこの日です
6/11	歌詞を覚える 他パートの人と合わせる	歌詞は覚えた？ ○　　△ 他のパートとは？ ◎　○　△　×	
6/8	リコーダーの練習 選んだパートは（　2　）	リコーダーの指は？ ◎　○　△ 旋律を覚えた？ ◎　△	すごい!! エライ!! がんばっていますね。
6/4	音取り、楽譜のドレミ読み リコーダーの練習を始める	ドレミ読み　できた　まだ 曲は好き？（　△　）	ドレミを書きましょう。 そっか〜 つきあってね。

分かりやすい目標のあるときはよい機会なので，まず1年に一度くらい取り

入れてみましょう。先生からのひと言コメントは強力なサポートになります。

2 中学生の技能面での活用　プロセスの記録

　音楽科の歌唱や器楽の技能は，3年間を通じて少しずつ向上させることができるもので，他教科では得られない自己モニター経験の機会です。

　「歌う」ことに関して丁寧な指導をされている先生は多いです。でも生徒自身が目標を自覚して，自分のできていること／まだできていないことをモニターすることは，案外あまり普及していないのではないでしょうか。以下は，滑舌・ブレスのためによく使われる「ういろう売り」音読の，記録と自己モニターの例です。「受験にも必ずプラスだよ」と励ますことができます。

目標 「ういろう売り」のセリフ、「拙者親方と申すは」から「親方円齋ばかり。」 までを、2分以内で明快な発音で音読する。							
1 年			2 年			3 年	
7 月	12 月	3 月	7 月	12 月	3 月	7 月	12 月
超ムズイと思う。意味不明。先生はず！	巴切りに/を入れたので、だいたいわかったかも。	ゆっくりなら読めるけど2分で半分くらい。	○○さんといっしょに読んでからおもしろかった。終わらない。				

　次のものは，ギターにモティベーションを得た生徒に渡して，励ましながら自学自習を励ますものです。

目標　「空もとべるはず」をギターを弾きながら歌う。 使うコード：C　G　Am　F（略コード）　Dm							
7 月	9 月	10 月	11 月	12 月	1 月	2 月	3 月
覚えたコード	覚えたコード	覚えたコード	覚えたコード				
課題 場所は分かったけどいたすぎる。そうなんだよね。ガンバレ!!	課題	課題	課題				

Chapter 3　ユニバーサルデザインによる授業づくりの工夫30　指導技術編　**89**

先生に大切なスキル

24 模範の提示，演技力

児童生徒が学習の見通しをもちやすくなるには，教師の模範や演技力が重要です。ここでは，音楽科ならではの模範の提示や演技力について述べます。

1 技能のモデルを示す範唱や範奏

これから学ぶ教材曲を先生が歌ったり楽器で演奏したりすると，「こういうふうに歌いたい，演奏したい」というモデルになります。積極的に行いましょう。もし不得意なジャンルがあったら，教科書教材であれば準拠CDに範唱や範奏がありますので，活用してください。

2 知識が定着しやすい説明の中の音楽

ユニバーサルデザインの授業では，説明をする際，話をするだけでなく視覚的な情報も用いて説明をすることが重要です。音楽科では，それに加えて説明の中に音楽を入れることがとても効果的です。ほんの一部分だけでも歌ったり，ピアノで弾いたりしましょう。管弦楽作品やオペラ作品などは，PCにあらかじめ用意をしておいて，説明中に曲名が出たら一部再生するなどできれば素晴らしいと思います。

〈例：中学校における雅楽「越天楽」に関連した説明〉

小学校のときに「越天楽今様」を歌いましたか？　こういう歌です。
（「はるのやよいの　あけぼのに～」と口ずさむ。）
実はこの歌は～（と「越天楽」の旋律に歌詞がついた歌であることを説明する。等）

3 音楽表現の工夫を促す模範

音楽科では音や音楽を手掛かりに思考・判断・表現することが重要です。

歌唱で例示します。

この歌詞にはどのように強弱をつけたらよいか考えてみましょう。
私が2種類の強弱で歌ってみますね。
どちらがふさわしいか考えながら聴いてください。
その1（例えばずっと弱いなど強弱無しで歌う）
その2（歌詞にふさわしく強弱をつけて歌う）
では，意見を言ってみましょう。

　ここでは，歌唱を例示しましたが，器楽のアーティキュレーションを聴き比べたり，創作では教師がつくった作品を模範として示したりすることで，児童生徒は思考・判断・表現しやすくなります。

4　音楽科ならではの演技力

(1) 心情を伝える演技力

　カーナビの音声案内は，聞き取りやすいけれども，人の心情を表すことはできません。心情を表すことができるのは，その気持ちに共感して，声の高さ，大きさ，速さ，抑揚などを工夫することができる"人"です。その能力を十分発揮して，音楽をつくったときの作曲者の気持ちや歌詞の心情などを伝えるように説明したり，朗読したりしましょう。

(2) 場面の切り換え時の演技力

　短いアクティビティを重ねて授業をつくる際に，演劇の場面転換のように速やかに次の学習場面に移るには教師の演技力が必要です。教室には照明や回り舞台はありませんから，教師の表情，しぐさ，声の張り，伝える言葉などで次の学習に入ることを伝えましょう。黒板に新しい学習に入ることを示すものを掲示したり，いつも決まった音（きれいな音の鐘や鈴など）で場面転換を示したりすることも合わせて行うと効果的です。児童生徒に分かりやすく，意欲がわくよう演技しましょう。小学校中学年以下なら，99ページにあるような，パペットなどのキャラクターを先生の相棒に，演技的な要素を取り入れるのも一案です。

Chapter 3　ユニバーサルデザインによる授業づくりの工夫30　指導技術編　91

先生に大切なスキル

25 指示は短く，1回に1つ

明確でタイミングのよい指示は，すべての授業で大切なポイントですが，音楽の授業の歌唱や器楽演奏の場合には，それがほとんど音楽の一部であるかのような役割も果たします。一般的な指示と，音楽科特有とも言える指示の，両方について考えてみましょう。

1 何をすればよいか，具体的な指示

「姿勢を正しくしましょう」ではなくて，「背中はピーン！」と言う方が，中学生や高学年児童に対してさえ効果的です。どこを意識すればよいか，何をすればよいかが具体的に分かるからですね。指示の具体性は，どんな場合でも大切です。

低学年では，教科書や歌集をどのように持って歌うか，楽器類はどのように出し入れしたり持ったり打ったりするかなども，絵や写真を使うことはもちろん，口頭での指示なら一つ一つ具体的に，身振り手振りや発音の抑揚も明快にするよう心がけます。カスタネットの持ち方を例にします。

	カスタネットの持ち方の分かりやすい教師の指導言・評価言
1	こちらの手を（身振りで）出して。
2	そうです，これは左手ですね。
3	はい，パーを出しましょう。
4	真ん中の指だけ動かせますか（お手本を見せます）。そうです！
5	さて写真を見てください。赤，青，どちらが下ですか？（そうです，赤ですね。）
6	写真と同じように，赤を下にしますよ。
7	今動かしてみた真ん中の指にカスタネットのゴムをはめます（お手本を見せます）。
8	はい，やってみてください。

2 1回に1つのことを

カスタネットの例にあるように，1回の指示では1つのことだけを言うようにすることは，とても大切です。ワーキングメモリーには個人差があるの

で，一度に多すぎる情報を受け取って混乱してしまう児童生徒に配慮が必要です。ワーキングメモリーの容量の大きい人にとっても，1回に1つの具体的で分かりやすい指示は，助けになります。また和楽器やギターは特に，鍵盤ハーモニカ，リコーダー，各種打楽器も，体がその楽器に慣れて，力の入れ具合が分かってくるまでには時間を要します。指導者から見ると，あれもこれも気になるのは当然ですが，授業ではポイントを絞り込みましょう。

まず「音を出す」ことから入るのか，「形（姿勢など）を覚える」ことから入るのか，ケースバイケースでかまいませんが，今，何をするのでしょう？「ペアを組み，カッコよい姿勢をチェックし合う」のか，「七と八の弦の場所を確認して指で音を出してみる」のか。手順を整理して，1回に1つのことを伝えましょう。

3 簡潔に，拍感を意識して

音楽の授業における指示，特に何かを始めるときの指示，歌いだしの指示などは，身振りも交えて簡潔にし，2語以上の文にする必要はありません。

たとえば「はい，マネどうぞ」と言えば，伝わります。

このとき，一定の拍にのって指示が出せると，それだけで音楽の授業として大切な指導が，暗に成立していることになります。□は1拍を表しますが

| ほー | たる | こい | はい | マネ | どう | ぞ | （休） |

のように言って（歌って），次の拍から児童と一緒に歌います。

歌の歌いだしは，「・・3，ハイ」（2拍子や4拍子の場合）や「1，2，ハイ」（3拍子の場合）という指示が音楽的です。「イッセーノォセッ」は，望ましくありません。

Chapter 3　ユニバーサルデザインによる授業づくりの工夫30　指導技術編　93

先生に大切なスキル

26 速やかな音楽再生のスキル

音楽を聴いたり映像を視聴したりする学習活動で，児童生徒が集中して取り組むためには，不必要な「待ち時間」がないことが重要です。たとえば「巻き戻し」「先送り」の間や，大切な情報ですが映像のスタート時に出される警告画面が終わるまで操作ができないという状況などです。ここでは速やかな音楽再生の仕方を考えます。

1 オーディオ装置等の置き場所

音楽室のオーディオ装置の位置を確認し，極力教師が動かずに操作できる配置に改めましょう。配線などで工事が必要な場合があるかもしれません。管理職の先生や物品の維持管理担当者に相談しましょう。

2 コンピュータの活用

中学校第1学年の教科書に掲載されている鑑賞曲「魔王」は，教科書準拠のCDでは登場人物が変わるごとにトラック番号が付いています。たとえば「子どもの歌い方や音の高さの変化を場面ごとに聴いてみましょう」と子どもの部分だけを選んで再生できます。このように授業のねらいに応じて音楽の部分を聴かせたいということがよくありますが，教科書準拠のCDでも，1曲で1トラックが多い状況です。

1トラックの曲を部分ごとに聴かせたい場合，授業にだけ使用することに留意して，音楽や映像をコンピュータに取り込んで，専用ソフトを用いて編集しましょう。事前に音源をトラック分けしたり，映像をチャプター分けしたりすると，授業中の不必要な「待ち時間」をなくすことができます。ただし，コピーガードがかかった映像などは編集しないようにしましょう。この場合は，パソコンやプレイヤーで授業の始まる前に映像の警告画面は再生して，見せたい画面で止めておくなどの準備をしておきましょう。

なお，編集ができる無料ソフトはWEB上にたくさんありますが，私はソ

94

フトに詳しい人に教えていただき，安全なものを購入して使用しています。下記は一例です。

(http://www.sourcenext.com/)

(1) 音楽をPCに取り込みます。	(2) ソフトに音楽のデータを取り込んで，再生しながら分割したいところでクリックすると矢印が出ます。	(3) 矢印の位置を微調整して「実行」を押せば1トラックだった音楽はそのまま残り，さらに分割されたファイルが現れます。使いやすいようファイル名を変更しましょう。
	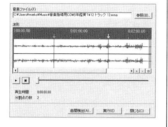	

3 電子黒板の切り換え機能の活用

電子黒板では，コンピュータの他，たとえば「書画カメラ」「DVD/Blu-ray Disk プレイヤー」「デジタルカメラ」「ビデオカメラ」など，さまざまな機材と接続でき，切り換えが円滑にできます。十分活用して，児童生徒が集中できる授業を展開しましょう。

4 手軽に持ち運べる Bluetooth スピーカーの活用

音質のよい Bluetooth スピーカーが市販されていますので，Bluetooth が使える PC やタブレットなどに保存された音楽がコードレスで再生できます。

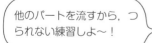

他のパートを流すから，つられない練習しよ〜！

Chapter 3　ユニバーサルデザインによる授業づくりの工夫30　指導技術編　95

先生に大切なスキル

27 視覚化を取り入れた指示

ねらいが明確で，ねらいに向かう学習活動が行われ，ねらいが実現できたかを評価する一連の整合性がUD化では重要です。そして，ねらいに向かう学習活動では，教師の指示が児童生徒に的確に伝わる必要があります。視覚化を取り入れることで，児童生徒が指示を理解しやすくなります。

1 ねらい，授業の流れなどを板書して，示しながら説明しましょう

イラストのように，今どこを学んでいるかが分かるようなマークを併用すると一層効果的です。

2 ✌と示すだけでもグンと分かりやすくなります

120ページの中学校第1学年の創作プランを例にしますと，主題部を4種類のリズムからグループで選ぶ前に，リズムを体験する活動があります。そのときに，「1番のリズムを叩くのでまねしてください」と教師が言うときに，生徒に向かって指を1本立てる動作を入れます。「2番のリズムを〜」「3番のリズムを〜」と進むときに，指を増やします。

たとえば「32ページを開きましょう」と指示するときに，「さんじゅう☝，に✌ページを〜」と指で数字を表すときにも使えます。

児童生徒の動作化が UD 化に効果的であると76ページからお示ししましたが，教師が数字を指で表す動作は，たとえるならばイラストのように，明朝体で話をしているところにゴシック体の話が入るような，あるいはアクセントがつくような感じになり，話にメリハリがつきます。教師の動作化も UD 化に有効です。

3 音楽の授業のルールを視覚化します

いつも掲示しないほうがよいでしょう。それを使用しない活動のさまたげになる場合があります。必要なときに用いることをお勧めします。

〈鑑賞の授業にあたってルールの提示例〉

〈器楽の授業にあたってルールの提示例〉

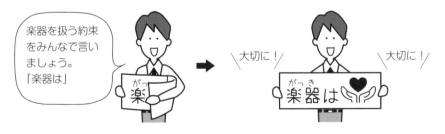

先生に大切なスキル

28 場面転換，つなぎのアクティビティ

児童生徒の集中力を切らさないために，場面転換や，活動と活動のはざまにも，前後と性質の異なる「何か」を準備しておくことは大切です。この手の活動は，「間髪を入れず」パッパッとリードしたり，あるいは児童生徒が思わずひきこまれるように振る舞ったりするのがコツで，先生としては大切なスキルです。レパートリーがあると，授業のしまり方がグンとアップします。

1 ジャンケンは必須

　小学校の学級経営にも役立つのが，先生や友達とのコミュニケーションにもなるジャンケンやわらべ歌遊び。リズム感を養ったり，人との距離のとり方を体得したりするためにも絶好の材料なので，音楽の授業では積極的に活用しましょう。応用が利きます。「じゃんけん」のキーワードで検索するだけで，わらべ歌によるジャンケン遊びなどがたくさん出てきますから，さらに音楽的な資質を高めるためのワザ「1拍あと出しジャンケン」を紹介しましょう。

　「じゃん，けん，ぽい，（ホイ）」のホイにあたるタイミングで出すのが「1拍あと出し」です。

応用1：同じものを出す／勝つように出す／負けるように出す，の3パターンがある。

応用2：「ぽい」のタイミングで児童は黙り，先生はグー／チョキ／パーを口で言う。たとえば「グー」だったら，児童は1拍遅れのホイのタイミングで，「パー」を出す（勝ちに行く場合）。

　これらは，「目で見たこと／耳で聞いたこと」に，1拍の間に対応する脳トレにもなります。つなぎのアクティビティなら，さっと終わりすぐ次のことに移ります。

98

2 英語の歌

　ちょっと耳をひきつける英語の歌。タブレットなどに音源を入れておき，聞いたとおりにまねを促します。学年によりますが，1回にワンフレーズだけ復唱にチャレンジし，あとは聞き流して次回に回します。

3 イントロクイズ

　学年を問わず，思わず集中するクイズ。ピアノなどが弾ければ素晴らしいですし，機器から流すのもよいでしょう。

4 リズム判別クイズ

　「この曲は何でしょう？」と問いかけ，すかさず既習曲の特徴的なフレーズのリズムを打楽器か拍手で打ちます。トライアングルのように音が伸びてしまう楽器では，うまくできないので注意しましょう。

5 人形劇上演

　指人形やパペットのキャラクターを置いておき（あるいは隠し持っておき）ます。つなぎ場面で，先生がそのキャラクターと寸劇を演じてみせ，児童生徒をひきつけるのです。次の活動

への導入でもよいですし，今日の学習の取り組みをほめる会話でもよいです。1分足らずが最適で，長くならないようにしましょう。

　いずれのアクティビティも，タイミングよく運ぶこと，先生は演技者として堂々と行うこと，短い時間でさっと切り上げることが大切です。

（拙編著の『導入・スキマ時間に楽しく学べる！小学校音楽「魔法の5分間」アクティビティ』明治図書（ISBN978-4-18-178336-5）でいろいろ紹介しています。）

情報提供

29 学習を助ける製品，アイディアの情報

授業のユニバーサルデザインは，児童生徒が身に付ける教科内容についてはあくまで同じですが，一人一人が学ぶ方法に，できる限りの選択肢を用意します。以下に，積極的に使ってほしい補助具等を列挙しておきます。

有鍵盤楽器に対応するもの		
音名シール	貼ってもきれいにはがせるタイプが出ています。点字シールもあります。木琴や鉄琴にも使うことができます。	
鍵盤シール	鍵盤ハーモニカに対応するシールです。	
鍵盤ハーモニカに対応するもの		
リング型紙めくり用シリコン	鍵盤ハーモニカの唄口パイプを唇にはさみ続けるのが難しく，滑り落ちる場合があります。これを唄口にはめると，助けになります。100円ショップでも入手可能。毎回はずして，洗う必要はあります。	
リコーダーに対応するもの		
リコーダー指孔用シリコンシール	指穴を押さえやすい演奏補助シールが市販されています（ソプラノリコーダー用）。魚の目シールを貼る方法もあります。押さえやすい形状のリコーダーも開発され，特許も取得されているので，今後市販されることが望まれます。	
シール紙やすり	ソプラノリコーダーでもアルトリコーダーでも，指掛けの代わりに，縦長に切ったものを貼って使います。リコーダーが滑り落ちません。	

100

音が不快になるときに		
イヤーマフ	聴覚過敏のため，音楽の授業で堪えがたい苦しさのある児童生徒がいます。適宜，使うように促します。	 おかげで楽〜♪

音符や休符，楽譜を読むときに	
音符マグネット＋色シール	市販のマグネット（黒板に貼って使用）に，カラーシールを貼り，分かりやすくして使います。音名シールと色を合わせます。
カラー五線	第3線（中央の横線）は色をつけて目立たせましょう。
カラータブ譜（ギターなど）	ギターの指板に貼る音名シールと色を合わせます。

困難のある児童生徒が，事前に音楽を聴いて感じをつかんでおけるために	
音のデータ	あらかじめ曲の感じをつかむことは，読譜の助けになります。本人や保護者と相談して，音声ファイルを聴いてもらうとよいです。

新しい楽譜	
フィギャーノート	視覚認知に問題があって，五線譜に特に困難を抱える人のために開発された色と形による楽譜です。色覚障害にも配慮した色使いで，対応する音名シール，鍵盤シールもあります。（103ページ，表紙カバー袖も参照してください。）

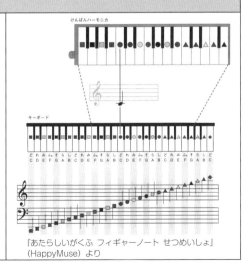

『あたらしいがくふ フィギャーノート せつめいしょ』
（HappyMuse）より

30 特に楽譜をめぐって

アラビア文字，モンゴル文字などを思い浮かべてください！ 簡単に読めるようにはなれませんね。五線譜も同様で，授業で少し習っただけで身に付けるのは難しいものです。ましてや視覚障害や発達性読字障害（ディスレクシア）のある場合は，学びたくても判読不可能だったり，10倍の時間と努力を要したりします。

1 楽譜は手段

楽譜イコール五線譜ではありません。楽譜は「消えてしまう音楽を見える化する工夫」なので，音楽をすべて記憶できてしまうなら不要といっても過言ではないのです。世界の音楽は，それぞれに適した楽譜を考案しています。ギターコードや箏曲の楽譜は，教科書にも掲載されていますね。しかしどの楽譜も，慣れて使いこなすには時間をかけて練習する必要があります。

2 五線譜をもっと見やすく分かりやすく

五線譜は，児童生徒になじみの深いさまざまな音楽を表すのに優れた楽譜なので，義務教育において読み方の基礎を学ぶことになっています。しかし，横線，縦線，数字，黒い楕円，白抜きの楕円，不定形の記号などが入り混じっていて複雑なので，できるだけ見やすく分かりやすくしてみましょう。

単純な旋律（歌など）の場合も，最初に楽譜全体を見渡して，何段あるか，反復記号などがあるか，必ずひととおり確認しましょう。また，次のように加工したプリントを，自由に選択できるようにしておきます。

第3線（中央の横線）には色をつける。／段が複数なら段ごとに記号をつける。／4小節以上あれば小節ごとに番号をつける。／拍の頭を色付きの縦線でマークし，強拍は特に目立たせる。／主音に色をつける。（学年に応じ，段記号・小節番号は自分で記入するのもよい。）

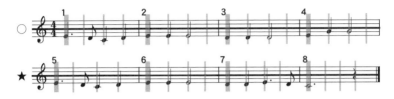

3　丁寧な指導

楽譜を読むことが目標である活動のときは，丁寧さが欠かせません。五線譜なら，リズムと音の高さは別々にして読んでいきましょう。また必ず，今読んでいるところを指でたどらせながら進めましょう。段記号や小節番号は，ペアやグループで作業するときも，役立ちます。

4　フィギャーノート

本誌がカラー版でないのが非常に残念ですが，現在，フィギャーノートという色と形による楽譜（考え方は五線譜と同じ）が普及しつつあります。ディスレクシアなどの人には非常に役立つもので，教科書教材のフィギャーノート版も入手が可能です。

児童生徒本人，保護者に情報を提供し，必要に応じてフィギャーノートも選択できるようにしてください（「フィギャーノート　はぴみゅーず」で検索すると詳細が出ます）。

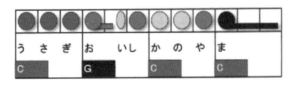

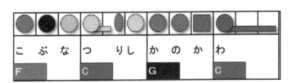

Column ·))) ―すべての子どもが楽しいと感じる音楽の授業に―

　授業のユニバーサルデザインを研究し始めてから，知的には問題がないけれども発達の面で支援が必要なお子さんを育てた保護者の方，複数にお話をうかがう機会がありました。もう高校生以上に成長したお子さんたちは，今は音楽を演奏したり聴いたりすることが大好きとのこと。でも小学校や中学校の音楽の授業では次のような困りごとがあり，先生の理解もほとんど得られずに，とてもつらかったそうです。

・聴覚過敏等の感覚過敏があり音楽室での音が苦痛だった。
・目と手の協応が整わないため，楽器が苦手だった。
・比喩的表現が分からず「言葉どおり」に受け止めるため混乱した。
・見ることが苦手なため五線譜は複雑すぎて読めない。
・顔を上げるといろいろなものが見えて混乱するので，下を向いて先生の話を聞くので，誤解される。

　このようなお話をうかがい，音楽の授業が苦痛である子どもたちがいることを音楽科の先生方にはぜひ知って，特性を理解してほしいと強く思いました。このお子さんたちの状況の一部は Chapter 2 の子どもたちのつぶやきとして載せてあります。
　ぜひ理解を深め，ＵＤ化の視点をもって，すべての子どもが楽しく学べる授業を展開していただきたいと心から願っています。

Chapter

4

ユニバーサルデザインの視点でつくる授業プラン

実践編

友達と拍を合わせながら「ひらいたひらいた」で遊びましょう

ねらい：「ひらいたひらいた」の歌と遊び方を学んで，友達と拍を合わせながらわらべ歌遊びをします。

対象：小学校第1学年

1 授業の概要

「ひらいたひらいた」を，歌詞の意味，歌い方，遊び方を理解し，4人程度のグループで，速さを調節しながらわらべ歌として遊びます。しかし1年生は集中の持続時間が短いので，他に授業ごとに少しずつ積み重ねるべき活動（帯の活動）を適切に組み合わせ，多様な活動を配します。既習の唱えごと遊びや，全校音楽集会で歌う「BELIEVE」の歌唱，時間が余れば「おちゃらかほい」，イントロクイズなども入れます。

2 準備

学習規律：視覚・聴覚に訴えて，徹底	教材：音源，映像（指導書セットを活用）
①「何も置いていない机」の絵カード。 ②掲示物として，座ったときの，望ましい姿勢を示した絵。 学級で標語としている「せ，め，て，く」のカード（→52ページ，110ページ参照） 	①歌唱する曲の範唱音源を用意。録音音源を使用して机間指導をするほうが，児童の状況把握と個別対応が行いやすくなります。 ②「BELIEVE」の拡大歌詞 ③歌を届ける方向が分かる絵（好みのキャラクターに「私たちに歌ってね」の吹き出しを付けた絵など） ③「ひらいたひらいた」の遊び方のデモンストレーションビデオを，映して見せられるようにしておきます。

3 授業展開とユニバーサルデザインの視点

❶ **カードの活用**と**その場でほめる**：絵カードを見せながら，教科書，歌集は机の中に収納し，机の上は何も出ていないことを確認します。標語カードの「せ」を示しながら，背中が伸びて，先生に注目している児童を，「○○さん，▼▼さん，★★さん，すばらしいですね。△△さんも。約束をしっかり守れる人が増えて，本当に気持ちがいいですね」とその場でほめます。

❷ **あいさつでけじめ**：日直の児童のリードであいさつをします。教師も，「音楽の授業を始めます」と宣言してけじめを示します。

❸ **場面転換**：間髪を入れず，いきなり既習の「落ちた落ちた，何が落ちた」を歌い始めます。児童はついてきます。これは，聴覚から入る情報を注意深く受け止め対応する練習になりますが，絵カードを併用したり，回によって声は出さず絵カードだけ上げたりすると，全体の集中が高まります。先生はテンポよく，拍にのって行ってください（→111ページ参照）。

❹ **合図音楽**：起立するときに，合図の音楽を決めておき用います（たとえばキーボードで♪ドレミファソ♪と弾く。タンブリンを振ってシャララッと鳴らす，など）。

❺ **音だしの操作方法**と**拡大歌詞の提示方法**：すぐに「BELIEVE」をスピーカーから流します。拡大歌詞を提示します。音だしの操作（94ページ）や拡大歌詞の提示（62ページ）は事前にシミュレーションして慣れておくことが大切です。

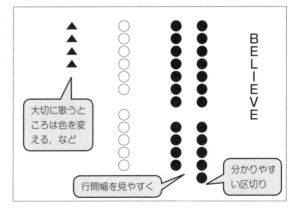

❻ <u>絵の掲示</u>：斉唱の気持ちよさを味わえるように，姿勢や声を届ける方向が視覚的に分かるようにしておきます（→111ページ参照）。

❼ <u>個別の声かけ</u>：一緒に歌いながら児童の間を回り，よい姿勢で歌っている児童には小声で「姿勢がよいですね」「素敵な声です！」とほめ，姿勢のできていない児童には「背中は？」などと声掛けします。同時に，嗄声や全く歌う声が出せていない児童を，その場でチェックします。「1番は覚えられましたか？ よく伴奏を聴いて合わせられるようになりました。未来を信じているという，みんなにぴったりの歌ですね」など，必ずよいところをほめ，曲に対する価値づけも表明します。

❽ <u>合図音楽</u>：あらかじめ決めておいた着席の合図音楽で座ります。

❾ <u>場面転換</u>：即座に，教科書を手に取って見せながら，「教科書を机の上に出しましょう」と指示します。

❿ <u>活動の見通し</u>：「10数える間に，教科書は机の上ですよ。10，9，8，…」見届けながら，「この列，全員が速いですね。おお，この列も！」など。

⓫ <u>視覚化</u>と<u>指示は1回に1つ</u>：「では○ページを開きましょう」と言いながら，黒板などにも大きく○（ページ）と書いたり映したりします。「ひらいたひらいた」のページです。「教科書を出すこと」「○ページを開くこと」は1回ずつ指示し，当該ページは視覚でも確認できるようにします。

⓬ <u>ペア学習</u>：「そこにあるのは，『ひらいたひらいた』という歌です。ひらいた，というのは何でしょう。教科書を見ながら，自分の考えを，お隣の人と話してみてください」など，教科書を見ながらのペア学習を促します。1分程度で，花，れんげ，などの声が上がるので，うるさくなりすぎない

うちに切り上げます。

⓭ **合図音楽**と**カードの活用**：静かに前を向く合図音楽を決めておきます。また，日直の児童に「せめてくカード」を挙げてもらうなどしましょう。

⓮ **拡大歌詞**，**教師の動作**，**歌詞の動作化**：「ひらいたひらいた」の範唱を流します。先生も一緒に歌いながら「ひらいたひらいた」の拡大歌詞を提示します。

　この拡大歌詞では最後の「つぼんだ」「ひらいた」は右図のようにしておきましょう。必要に応じて，この拡大歌詞を指さしすると，拍にのった言葉の付け方がよく分かります。何度か範唱を繰り返し，歌を覚えさせます。手で花の開く・つぼむの動作をする子もいるでしょう。先生も一緒に動作をつけましょう。

⓯ **場面転換**：間をあけずに「ひらいたひらいた」の遊び方の映像を出します。「この歌は，歌いながらこんなふうに遊びます。みんなもできるかな？」

> つううう　ぼおおんだ
> ひいいた　らあああいた

⓰ **グループ活動**：「では，給食のグループ４人一組で，遊びます。立って，グループをつくってください」と児童を動けるスペースに導きます（条件によっては，机を動かす必要があるかもしれません。決められた手順を指示します）。映像と音を流しながら，児童のグループに遊び方を委ねます。だいたいみんなが動けるようになるのを見届けて，映像は止めます。

⓱ **教師の実演**：（<u>太字</u>は本時の焦点）「今度は<u>先生の歌に合わせて歌いながら遊んでください</u>」と言い，<u>カスタネットで拍を打ちながら歌います（中くらいのテンポから始めて，少し速くしていき，今度は少し遅くしていきます）</u>。

⓲ **グループ活動**：「<u>先生のカスタネットと歌は，画面で見たのとは違いま</u>

Chapter 4　ユニバーサルデザインの視点でつくる授業プラン　実践編　**109**

したね。何が違いましたか？」児童は「速いところや遅いところがありました！」と気づくので「皆さんグループの人たちで，少し速くしたり遅くしたりしながらやってみましょう」 グループを見回り声をかけながら，一人一人を見ます。遊び方に工夫があればほめます（この間，必要に応じて把握した児童の様子をメモする）。

⑲ **合図音楽**：あらかじめ決めておいた着席の合図音楽で座ります。
⑳ **「せめてくカード」の活用**：状況に応じて必要な児童のところに歩み寄って注意を促します。「せめてく」のできているグループをほめます。

「せ，め，て，く」カード例
※掲示や板書で確認してからカードを折々使用します。

㉑ **教師の模範・実演**:「みんな,『ひらいたひらいた』の遊びをたくさん工夫できました(必ず実際に歌いながら)。速くしたり遅くしたり,協力してできました! 歩き方も(必ず実演を交えて)工夫したグループがありました! すばらしかった」

㉒ **短いアクティビティ**:(時間が余れば,おちゃらかほい,イントロクイズなどを2〜3分楽しみます)日直のリードで終業のあいさつをします。

「おーちたおちた」活動例

T: おーちた おちた
S: なーにが おちた?
T: りんご!
S&T:(りんごの形状を考えて,両手で受けとめる動作)

　落ちてくるものを次々と替えていきます。ただし,受けとめられる形状のものを選んでください。
　「ぬいぐるみ」だったら,受け取って抱っこの動作,など。「かみなり!」と言われたときのみ,両手でおへそを隠します。

「私たちに歌ってね」掲示例
※イラストではなく,ハートマークなどを使用するのも使いやすい手立てです。

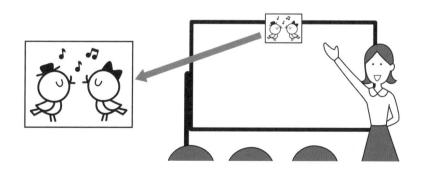

イメージをふくらませ歌い方を考えましょう

> **ねらい**：歌唱曲「飛べよツバメ」の曲想の変化を知覚・感受し，楽譜を見ながら，気持ちを伝える歌い方を，グループで工夫します。
> **対象**：小学校第4学年

1　授業の概要（3時間扱い　本時は3時間中の2時間目）

　リコーダーで「せいじゃの行進（前時から取り組み中）」の運指とタンギングも少し行います。歌唱曲「飛べよツバメ」(前時にひと通り音取りをした)を教師のリードで歌います。その後歌詞を丁寧に読んだり，楽譜をたどったりします。その後いろいろな学習形態で曲に対する理解を深めていきます。後半部分の表情をどのようにつけたいかを，グループで話し合い，考えをまとめることが中心です。次時は，各グループの考えを実際に試しながら歌を練習し，地域のシニアの方たちとの交流会での発表を目指します。

2　準備

体験（前時に）	教材
「飛べよツバメ」（教科書教材）の範唱（指導書の音源）を聴き，後半部分の上下パートは，大体の音取りをしておきます。	①「せいじゃの行進」の拡大楽譜（教科書の楽譜）。 ②「飛べよツバメ」の範唱音源と「飛べよツバメ」の拡大歌詞。 ③「飛べよツバメ」の拡大楽譜。教科書の楽譜を加工し，幅を広げたもの。 　※A3判サイズでも作成し，授業後半でグループに1枚ずつ配布します。 ④マグネットを付けた小さいツバメ　6個程度 ⑤「飛べよツバメ」イメージ喚起用のワークシート(→115ページ) ⑥リコーダーの運指表による楽譜(→次ページ上はその一部)

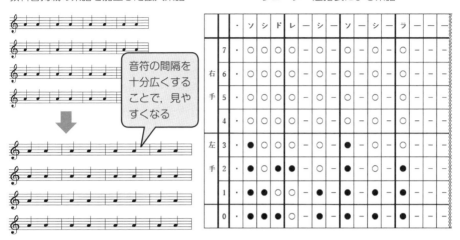

3 授業展開とユニバーサルデザインの視点

❶ **見通し**：今日の活動計画と時間配分を板書しておきます。

❷ **模範・リードの演技**：あいさつ後，直ちにベルで2点ハ（高いド）を鳴らし，その音から「ハローハローハローハロー（ドソミド）」を範唱します。動作で児童に模唱を促し，ドソミドの響きを大切にしながら歌わせます。「初めから，素敵な響きで歌えました！ では座ってください」

❸ **拡大楽譜の提示**：「リコーダーを出しましょう」出している間に「せいじゃの行進」の拡大楽譜を映す，または貼ります。

❹ **見る場所を明確に示す**：先週，一度やりましたね。今日は楽譜の2段目を練習します。ここを（とポインターなどで指します）見てください。

❺ **励ます・ほめる**：この段を，一緒にドレミ読みします（指しながら）。♪（ウン）ソシド・レーシー……そうです！ もう一度…（以下4小節を4回程度繰り返します）「素晴らしい！ 覚えられましたね」

❻ **簡潔な指示**：「今度は全部トゥーでどうぞ」タンギングの練習です。

❼ **時間の視覚化**と**楽譜の自由選択**：「それでは3分間，今のところを自分で

練習しましょう。こちらの楽譜を使いたい人は，使ってください」 希望
者は選択肢の別楽譜を取りに来ます。五線譜を使ってもできそうな児童が
取りに来たら，「あなたは五線譜でできるよ」の励ましは必要ですが，最
終的には本人に選ばせます。タイマー設定を見えるように提示します。

❽ 聴覚過敏への配慮：机間指導をして一人一人を見取ります。この時間，
音がつらい児童には，イヤーマフ着用を勧めます。時間がきたらリコーダ
ーを片付けさせます。

❾ 拡大楽譜の見やすい提示　視覚化：楽譜の提示とともに範唱を流します。
合わせて軽く歌いながら，当該箇所をポインターで指していきます。「とべ」
で始まるフレーズの頭に，マグネット付きツバメを貼っていきます。

❿ 合図音楽：範唱が終わったところで起立の合図をします。

⓫ 分かりやすい範唱・伴唱：「今日は，もう一度音を取ってしっかり歌える
ようにしましょう。1番の歌詞で歌ってください」再び範唱を流し，ポイ
ンターで指しながら一緒に歌います。後半の2部になるところからは，主
旋律のパート（最後2小節は下が主旋律）を歌います。

⓬ スモールステップ：「下の2段，この段とこの段（指しながら）は，2
部に分かれていますね。今日も，下のパートを歌ってしっかり覚えていき
ましょう」 必要に応じて楽器で音を補いながら，下のパートを一緒に歌
います（3回程度）。児童たちの顔を見わたしながら，明るくリードし，「い
いですね～！　しっかり音が取れてきました」など，ほめて励まします。
合図音楽で着席。

⓭ 拡大歌詞の提示：「飛べよツバメ」の拡大歌詞を提示します。

⓮ 目標確認：あらためて「この歌は再来週の交流会で，地域の方たちに聴
いていただく予定です。今日は，どのように歌えば地域の方が楽しい気持
ち，一緒に歌いたいな，来てよかったな，という気持ちになってくれるか，
考えてみましょう」児童の理解を確認します。

⓯ 歌詞の音読：「そこで，歌詞を一緒に読みましょう。フレーズごとに，
先生の後について読んでください。では！」（歌詞を指しながら）はっき

114

りと読み，児童は復唱していきます。次に全部続けて，全員で音読します。

⑯ **思考を導くワークシート**と**ペア学習**：イメージ喚起用ワークシートを2人に1枚配布します。児童は隣同士で話しながら記入をしていきます。「時間は5分です」と言ってタイマーを表示します。頭の中に描けるということも「視覚化」なので，図形を描いたり色を塗ったりするとよいです。作業中は「飛べよツバメ」を，繰り返して流し，声掛けして回ります。

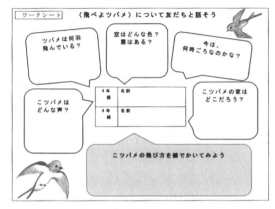

＊❾のマグネット付きツバメは，このワークシートにあるようなツバメの絵を切り抜いて作ります。

⑰ **合図音楽**：作業の手を止め，起立して，全員で主旋律を斉唱します。

⑱ **合図音楽**：着席するとき「4人グループになりましょう」と指示します。

⑲ **グループ学習　時間の見通し**：児童は4人グループになり，後半2段の楽譜を見ながら，どのように歌うと聴き手が楽しくなるか，話し合います。「フレーズは　①飛べよ自由に　②飛べよ遊べよ　③飛べよ　飛べよ　④飛べよツバメ　の4つですね。フレーズごとに，歌い方を考えて，言葉で楽譜に書き込みましょう。7分間です」

＊（状況に応じ，「やさしく」「しっかり」「だんだん強く」「だんだん弱く」「のびのびと」「なめらかに」などの言葉をヒントとして提示してもよい。）グループごとに個別に指導して回ります。

⑳ **まとめの活動**：時間がきたら再び最後に全員で斉唱しますが，グループで考えたことを生かして歌うように言います。

㉑ **まとめと次時への見通し**：「今日は，『飛べよツバメ』の歌い方について本当によく考えることができました。次の時間は皆さんの意見をまとめ，二部合唱としても練習を進めます。では終わりのあいさつをお願いします」

曲想の移り変わりを味わいましょう
―2拍子と速度の変化を感じて音楽を聴く―

> **ねらい**：「ハンガリー舞曲第5番」を教材とし，2拍子と速度の変化を感じて面白さを味わい，得意な方法でよさを紹介する力をつけます。
> **対　象**：小学校高学年

1 授業の概要（2時間扱い）

　ブラームス作曲「ハンガリー舞曲第5番」は2拍子の曲で，速度の変化を特徴の1つとしています。指揮をしながら，2拍子と速度の変化を感じ，音楽のよさを味わえるようにします。そして，いろいろな方法でよさを発表します。

2 準備

体験「2拍子体験」	教材「音源」「映像」「ワークシート」
① 2拍子の指揮の体験をしておきます。 ② 2拍子の既習曲を歌えるように思い出しておきます。 ゆっくりの例：「虫のこえ」「夕やけこやけ」 速めの例：「ゆかいに歩けば」「子どもの世界」など	①「ハンガリー舞曲第5番」（シュメリング編曲オーケストラ版）のA-B-C-D-A-Bの旋律を頭出しできるようにしておきます。 ②指揮者が見やすい映像を準備しておきます。変化が大きく2拍子を見失いやすいDがすぐ出せるように開始の時間を調べておきます。

3 授業展開とユニバーサルデザインの視点

❶ **見通しと振り返りができるワークシート**：できた項目に✓を入れることで，見通しをもって取り組みやすく，そして自己を振り返りやすいワーク

シートを使用します。

❷ **動作化**：既習の遅い曲と速い曲の2拍子を体験し，それを生かして教材曲を振ることで，速度の変化を感じやすくします。

❸ **スモールステップ**：「ハンガリー舞曲第5番」はA-B-C-D-A-Bという構成です。部分に分けて指揮をしながら特徴を捉えます。

❹ **頭出し**：部分に分けて聴かせるために前もって準備していた音源を活用して集中できるように進めます。

❺ **視覚化**：部分に分けて指揮をする活動で，戸惑うところは指揮者の映像を見せることで，「こんなにゆっくり振るのだ」と気づかせます。

❻ **速度の変化に焦点化**：速度の変化が大きく，面白さが味わえる曲ですので，そこを焦点とすることで，他の特徴が捉えやすくなります（たとえば強弱の変化，A-Bは短調，C-Dは長調など）。

❼ **得意な方法**：「ハンガリー舞曲第5番」のよさや面白さを得意な方法で伝えます。たとえば文章を書くことが好きな児童は「紹介文」，指揮が得意になった児童は「指揮の見どころを言って指揮の実演」，「インターネットで調べて，そのページを解説しながら紹介する」などが考えられます。インターネットでの調べ学習は，信頼できるページを教師も一緒に探しましょう。NHKオンライン「ららら♪クラシック」などは，おススメです。
(https://www.nhk.or.jp/lalala/archive.html)

インターネットで調べ学習　　指揮の実演　　紹介文を書く

Chapter 4　ユニバーサルデザインの視点でつくる授業プラン　実践編

ワークシート

曲想の移り変わりを味わいましょう
―2拍子と速度の変化を感じて音楽を聴く―

年　　組　　番
_____

「ハンガリー舞曲第5番」は変化が大きい，すてきな曲です。
指揮をしながら味わいましょう。

できた項目にチェックしましょう（✓を書きましょう）

1　指揮と歌について振り返りましょう。

☐　2拍子を指揮できた。
☐　歌いながら2拍子を指揮できた。

2　「ハンガリー舞曲第5番」を聴きながら2拍子を振りましょう。

☐　振りにくいところを見つけた。
　　どうしてでしょう？（　　　　　　　　　　　　　　　）

3　4種類の部分を聴いたり指揮をしたりしましょう。

☐　Ａの部分を聴きながら指揮できた。
☐　Ｂの部分を聴きながら指揮できた。
☐　Ｃの部分を聴きながら指揮できた。
☐　Ｄの部分を聴きながら指揮できた。

4　4種類の部分を聴いたり指揮をしたりしましょう。

☐　ＡとＢの部分を聴きながら指揮できた。
☐　ＣとＤの部分を聴きながら指揮できた。
☐　もう一度出てくるＡとＢの部分を聴きながら指揮できた。

5 「ハンガリー舞曲第5番」を通して指揮をしましょう。

☐ 指揮名人かもしれない！

6 通して聴いて，いろいろな魅力を見つけましょう。

---

7 自分の得意な方法で，「ハンガリー舞曲第5番」のすてきなところを紹介しましょう。どれにしましょう？　グループでも OK です。

☐ 紹介文を書く。

☐ 見どころを言って，カッコいい指揮をしてよさを伝える。

☐ インターネットで調べて，タブレットでよさを紹介する。

☐ その他（　　　　　　　　　　　　　　　　　　）

8 発表を振り返りましょう。

☐ よさを伝えることができた。

ロンド形式を生かして
グループで音楽をつくりましょう
―エピソード部をつくるよ！ラストをキメるよ！―

> **ねらい**：手拍子・足拍子の音色とロンド形式の構成を知覚・感受し，音楽をつくる力をつけます。取り組みやすい速度で発表します。
>
> **対　象**：中学校第1学年

1　授業の概要（1時間扱い）

　ワークシートの 今日の学習 欄にあるように進めます。
1）グループでロンド形式の主題部を選びます。
2）各自で8拍の挿入部（エピソード部）をつくります。
3）グループでロンド形式になるようにつなげます。ラストのキメ方を工夫します。※発展的な学習活動として，強弱も工夫します。
4）聴きどころを発言し，グループごとにロンド形式の作品を発表します。

2　準備

体　験	教　材
教師が叩く4拍のリズムをまねする体験をしておきます。	ワークシートを印刷しておきます。電子黒板にワークシートを映せるようにしておきます。

3　授業展開とユニバーサルデザインの視点

❶ **説明内容の視覚化**：生徒たちの手元にあるワークシートと同じものを電子黒板に映しながら説明したり，一緒に体験したりします。

❷ **動作化**：ワークシート❶の主題部を選ぶときに，教師が叩き，それを生徒がまねをする体験をします。「チャチャ」と「ズン」も唱えてまねします。

同じリズムでも手と足の音色の組み合わせによって味わいが異なることが実感できます。

❸ **見通し**：個々にエピソード部をつくる前に，生徒たちと教師が一緒に主題部を叩き，教師がエピソード例を叩く体験を取り入れると，ロンド形式の作品の完成形を予想できます。

❹ **簡単な記譜あるいは記譜なしで OK**：音符を書かずに，「手はチャンやチャチャ」や「足はズンやズズ」「休みはウン」を使ってもよいし，覚えられるならば書かなくてもよいと伝えると取り組みやすくなります。
〈簡単な記譜の例〉

1	2	3	4	5	6	7	8
ちゃん	うん	ずす	うん	ちゃちゃ	ちゃちゃ	ずん	うん

❺ **失敗 OK の雰囲気**：短い作品なので，発表で失敗した生徒がいたら，明るく「Take 2！」などと指示したり，「もう少しゆっくり演奏すれば大丈夫ですよ」などと助言したりして，失敗しても大丈夫という雰囲気をつくり，満足のいく発表になるようにしましょう。

ワークシート

ロンド形式を生かして
グループで音楽をつくりましょう
—エピソード部をつくるよ！ラストをキメるよ！—

1年　　組　　番

ロンド形式とは：**主題部**が**挿入部**（エピソード部）をはさんで繰り返す音楽
の形式です。A−B−A−C−A−D−A−E−A…と音楽が構成
されます。Aが**主題部**で，ＢＣＤＥ…が**エピソード部**です。

今日の学習：ロンド形式の構成を生かして，**手拍子・足拍子**の音楽をつくり
ましょう。

進め方　1　グループで主題部を選びます。
　　　　2　各自で8拍のエピソード部をつくります。
　　　　3　グループでロンド形式になるようつなげて，ラストのキメ
　　　　　　方を工夫します。
　　　　4　聴きどころを発言して，発表します。
　　　　　　音楽をつくりましょう

■　**グループで①〜④から主題部を選びましょう。**

① 手拍子だけ　　　　　　　　　　　　　　　　　　　　　軽やかな感じ

② 足拍子だけ　　　　　　　　　　　　　　　　　　　　　力強い感じ

③ 1拍と3拍が足拍子　　　　　　　　　　　　　　　　　ポップスみたい！

④ もう一つ足拍子増　　　　　　　　　　　　　　　　　　ロックみたい！

❷ 各自で8拍のエピソード部をつくりましょう。

1	2	3	4	5	6	7	8

① 自分が分かれば大丈夫。音符を書かずに手を「チャンチャチャ」, 足を「ズンズズ」, お休みを「ウン」などと書いて OK です。

② 手だけでも足だけでも両方でも OK です。

③ 1拍～4拍をつくったら,同じリズムを5拍～8拍としても OK です。

❸ グループで練習しましょう。

① みんながたたきやすい速さにしましょう。

② 強弱が付けられたら最高!

③ 最後の主題部をみんなでたたいたら,"キメポーズ"または"キメリズム"を工夫しましょう。

❹ 発表しましょう。

※聴きどころを言ってから, 発表しましょう。

(発表原稿) 聴きどころメモ

❺ 振り返りをしましょう。

1 エピソード部の創作	□(＊^▽^＊)	□(^-^)	□(><)	コメント
2 グループ協力	□(＊^▽^＊)	□(^-^)	□(><)	
3 作品の発表	□(＊^▽^＊)	□(^-^)	□(><)	
先生から				

Chapter 4 ユニバーサルデザインの視点でつくる授業プラン 実践編 **123**

能の音楽を味わいながら「羽衣」を鑑賞しましょう

ねらい：能で用いられる楽器"四拍子"の音色を聴き分けて、能の音楽を味わい、「羽衣」のよさを人に伝えます。
対象：中学校第3学年

1 授業の概要（2～3時間扱い）

能「羽衣」のあらすじを理解した上で、謡や楽器に着目して鑑賞します。楽器は楽しく楽器クイズで、謡は朗読や一部体験で親しみます。「羽衣」のよさを得意な方法で人に伝えます。

2 準備

体　験	教材「教科書」「あらすじ」「映像」「クイズ教材」「ワークシート」
①可能な限り歌舞伎「勧進帳」の鑑賞で長唄を唄う体験をしておきます。 ②可能な限り雅楽「越天楽」の鑑賞で楽器の唱歌を体験しておきます。	①「羽衣」のあらすじを用意します。あらかじめ3名の生徒に「ナレーター」「白竜（はくりょう）」「天人」役で読み練習をさせておきます。今西祐行著『これだけは読みたい　わたしの古典　能・狂言』童心社．2009年の「羽衣」のページは短くて、しかも内容がよく分かります。 ②字幕のついた「羽衣」の映像を準備します。教科書準拠のダイジェスト版が分かりやすいと思います。教育芸術社準拠映像は約9分、教育出版準拠映像は約6分です。 ③楽器クイズができるよう、プレゼンテーションソフトなどを使って「クイズ1：小太鼓と大太鼓の画像と音源（小太鼓はスナッピーを使わないコンコンという音）」「クイズ2：小鼓と大鼓の画像と音源」を再生できるようにしておきます。 ④ワークシートを印刷しておきます。

3 授業展開とユニバーサルデザインの視点

❶ **教科書と音源の活用**：導入で,「羽衣」キリの音楽を小さく流しながら,教科書を読み合せて,能についての知識を得ます。

❷ **動作化**：ワークシート❶は,3名の生徒が,「ナレーター」「白竜」「天人」役であらすじを読み,他の生徒は内容を理解します。

❸ **着目点を明確にした記入欄**：ワークシート❷は,着眼点を明記します。

❹ **学習形態の工夫**：ワークシート❷をもとに個々が意見を発表したり,グループで意見交換をしたりできます。

❺ **視覚化,音源の頭出し**：ワークシート❸では,クイズにより大鼓と小鼓の音を聴き分けられるようにします。また,❹では能の太鼓を視聴して,オノマトペを考え,「コンコン」などと表現し,聴き分けられるようにします。

❻ **朗読や謡体験**：❺では「羽衣」キリの謡の一部を朗読したり,一部謡ったりして,親しみます。難しい言い回しなので,教師と生徒のコール&レスポンスがよいでしょう。

❼ **得意な発表方法**：「羽衣」のよさを得意な方法で発表します。書くことが苦手な生徒は口頭発表や,謡を披露したり,よさを対談している自分たちの映像を撮影し上映したりなど,多様な発表で「羽衣」のよさをクラスで共有します。「信頼できるWEBサイトで紹介」では,「文化デジタルライブラリー※」の能楽の部分がおススメです。

対談する

実演する

※文化デジタルライブラリー (http://www2.ntj.jac.go.jp/dglib/)

ワークシート

能の音楽を味わいながら
「羽衣」を鑑賞しましょう

3年　　組　　番

　能は600年以上続く，日本の誇る伝統芸能です。能の音楽を味わいながら，「羽衣」という美しい物語を鑑賞しましょう。

1　あらすじを理解しましょう。ラジオドラマのように読んでくれます。

2　天人が羽衣を返してもらい，お礼の舞を舞うところを中心に見ます。気付いたことや感じたことをメモしましょう（全部書かなくてもOKです）。

	楽器	声	演技	その他
気				
感				

3　楽器クイズ〜♪画面の楽器を見ながら答えましょう。

第1問	大太鼓の音はどっち？	□Aの音	□Bの音	正解は
第2問	大鼓の音はどっち？	□Aの音	□Bの音	正解は

4　能の太鼓の音をオノマトペで表してみましょう。

126

5 天人がお礼の舞を舞うところの謡を読んだり口ずさんだりしましょう。

	【大意】
東遊の数々に	東遊びの舞を数々舞ううちに
その名も月の　色人は	月世界に住む色人と呼ばれる天人は
三五夜中の	十五夜の月が照らす
空に又	空に舞い上がり
満願真如の影となり	満月の光となって地上を照らし

6 能の音楽を味わいながら映像を見て，すてきなところをメモしましょう。

7 「羽衣」のよさを次回発表します。どのような発表をしますか？
グループで OK です。

□「羽衣」新聞作成　　□「羽衣」紹介文作成　　□お気に入り楽器紹介
□謡の実演　　□よさを対談している自分たちを動画で撮って上映
□信頼できる WEB サイトで紹介　　□他（　　　　　　　　　）

8 発表の計画をメモしましょう。

9 ここまでの振り返りをしましょう。

自分の取り組み状況 □よく学んだ　□わりと学んだ　□課題がある	コメント	先生から

Chapter 4　ユニバーサルデザインの視点でつくる授業プラン　実践編　**127**

【著者紹介】
阪井　恵（さかい　めぐみ）
東京芸術大学楽理科卒業，同大学院音楽研究科修士課程，博士後期課程修了。学術博士。明星大学教育学部教授。音楽の聴取，理解について論文多数。「音色」の感受メカニズムの解明，「音色」の指導法にも取り組んでいる。主な著書に，『導入・スキマ時間に楽しく学べる！小学校音楽「魔法の5分間」アクティビティ』『音楽授業でアクティブ・ラーニング！子ども熱中の鑑賞タイム』（共に明治図書）など。

酒井　美恵子（さかい　みえこ）
国立音楽大学音楽学部器楽学科ピアノ専攻卒業。東京都の公立中学校の音楽科教諭及び指導主事を経て現在，国立音楽大学教授。主な著書に，『導入・スキマ時間に楽しく学べる！小学校音楽「魔法の5分間」アクティビティ』『音楽授業でアクティブ・ラーニング！子ども熱中の鑑賞タイム』（共に明治図書）など。

〔本文イラスト〕木村美穂

音楽科授業サポートBOOKS
音楽授業のユニバーサルデザイン　はじめの一歩

2018年10月初版第1刷刊	©著　者	阪　井　　　　恵
		酒　井　美　恵　子
	発行者	藤　原　光　政
	発行所	明治図書出版株式会社

http://www.meijitosho.co.jp
（企画）木村　悠　（校正）奥野仁美
〒114-0023　東京都北区滝野川7-46-1
振替00160-5-151318　電話03(5907)6702
ご注文窓口　電話03(5907)6668

＊検印省略　　　　組版所　株式会社　木元省美堂

本書の無断コピーは，著作権・出版権にふれます。ご注意ください。

Printed in Japan　　　　ISBN978-4-18-148414-9
もれなくクーポンがもらえる！読者アンケートはこちらから